¡En marcha!

Support Book

¡En marcha!

Support Book

Carmen García del Río

Hodder Arnold

A MEMBER OF THE HODDER HEADLINE GROUP

Orders: please contact Bookpoint Ltd, 130 Milton Park, Abingdon, Oxon OX14 4SB. Telephone: (44) 01235 827720. Fax: (44) 01235 400454. Lines are open from 9.00am to 6.00pm, Monday to Saturday, with a 24-hour answering service. You can also order through our website www.hoddereducation.co.uk.

If you have any comments to make about this, or any of our other titles, please send them to educationenquiries@hodder.co.uk

British Library Cataloguing in Publication Data
A catalogue record for this title is available from the British Library

ISBN-10: 0 340 905 336
ISBN-13: 978 0 340 905 333

First Published 2005

Impression number   10 9 8 7 6 5 4 3 2 1
Year   2009 2008 2007 2006 2005

Copyright © 2005 Carmen García del Río

All rights reserved. No part of this publication may be reproduced or transmitted in any form or by any means, electronic or mechanical, including photocopy, recording, or any information storage and retrieval system, without permission in writing from the publisher or under licence from the Copyright Licensing Agency Limited. Further details of such licences (for reprographic reproduction) may be obtained from the Copyright Licensing Agency Limited, of 90 Tottenham Court Road, London W1T 4LP.

Cover photo © Robert Harding
Typeset by Transet Limited, Coventry, England.
Printed in Great Britain for Hodder Arnold, an imprint of Hodder Education, a member of the Hodder Headline Group, 338 Euston Road, London NW1 3BH by CPI Bath.

Contents

Key to exercises	1
Preliminary unit	1
Unidad 1	2
Unidad 2	9
Unidad 3	17
Unidad 4	23
Unidad 5	29
Unidad 6	36
Unidad 7	41
Unidad 8	51
Key to role-play exercises	59
Recording transcripts	63
Preliminary unit	63
Unidad 1	64
Unidad 2	66
Unidad 3	69
Unidad 4	72
Unidad 5	75
Unidad 6	75
Unidad 7	77
Unidad 8	79
Role-play transcripts	81

Key to exercises

Preliminary Unit

Pronunciation

3 Practice

Ma-rí-a es es-pa-ño-la. Vi-ve en la ca-pi-tal de Es-pa-ña, Ma-drid. E-lla es-tu-dia en la U-ni-ver-si-dad Au-tó-no-ma, es-tu-dia in-glés y ge-o-gra-fí-a. Tie-ne die-cio-cho a-ños. Vi-ve en un pi-so con u-nos a-mi-gos in-gle-ses. Sus a-mi-gos es-tu-dian es-pa-ñol en la u-ni-ver-si-dad.

Accentuation

2 Practice

1 l**á**piz: word ending in a **consonant** other than **n** or **s** stressed on the penultimate syllable; **WRITTEN ACCENT** required.
2 ex**á**menes: word ending in **consonant s** stressed on the antepenultimate syllable; **WRITTEN ACCENT** required.
3 escoc**é**s: word ending in **consonant s** stressed on the last syllable, **WRITTEN ACCENT** required.
4 lecci**ó**n: word ending in **consonant n** stressed on the last syllable; **WRITTEN ACCENT** required.
5 al**u**mno
6 tel**é**fono: word ending in **vowel** stressed on the antepenultimate syllable; **WRITTEN ACCENT** required.
7 ex**a**men
8 atenci**ó**n: word ending in **consonant n** stressed on the last syllable; **WRITTEN ACCENT** required.
9 catedr**á**tico: word ending in **vowel** stressed on the antepenultimate syllable; **WRITTEN ACCENT** required.
10 deb**e**res

3 More practice

1 libert**a**d
2 cami**ó**n: word ending in **consonant n** stressed on the last syllable; **WRITTEN ACCENT** required.
3 petr**ó**leo: word ending in **vowel** stressed on the antepenultimate syllable; **WRITTEN ACCENT** required.
4 pal**a**bra
5 d**o**nde
6 j**ó**venes: word ending in **consonant s** stressed on the

antepenultimate syllable; **WRITTEN ACCENT** required.
7 franc**e**ses
8 c**á**rcel: word ending in a **consonant** other than **n** or **s** stressed on the penultimate syllable; **WRITTEN ACCENT** required.
9 ¿cu**á**ndo?: question word.
10 **Ó**scar: word ending in a **consonant** other than **n** or **s** stressed on the penultimate syllable; **WRITTEN ACCENT** required.

Unidad 1

A Hola, ¿cómo te llamas?

1B **1** ¡Hola! Buenas tardes / Buenas tardes, **2** ¡Hola! Buenos días, **3** ¡Hola! Buenas tardes, **4** Buenas noches.

1C **a** 2 **b** 5 **c** 1 **d** 3 **e** 4

2C
nombre: Rosa
apellidos: López García

nombre: Martin
apellidos: Smith

2D **a** Me llamo Miguel Machado Fuentes. Miguel es mi nombre. Machado Fuentes son mis apellidos.
b Me llamo Julio Pinos Cara. Julio es mi nombre. Pinos Cara son mis apellidos.
c Me llamo Carmen Navas Martín. Carmen es mi nombre. Navas Martín son mis apellidos.
d Me llamo Pilar Vargas Iglesias. Pilar es mi nombre. Vargas Iglesias son mis apellidos.
e Me llamo Rosario Peralta Benet. Rosario es mi nombre. Peralta Benet son mis apellidos.

3A The receptionist uses the polite form *usted* to address Chris Smith.

3B **a** Usted **b** Usted **c** Tú **d** Usted **e** Tú **f** Vosotros **g** Ustedes **h** Ustedes

3C **a** tú **b** usted **c** usted **d** usted **e** tú

4A **a** Me llamo / se llama
b Me llamo / se llama

4C **1** ¿Cómo te llamas? Me llamo Martin.
2 ¿Cómo se llama? Me llamo Chris Anderson.
3 ¿Cómo se llama? Se llama Michael.

4 ¿Cómo se llama? Se llama Cristina.

4D
1. me llamo
2. te llamas
3. Se llama
4. Se llama
5. se llama.

Consolidation

A
a ¡Hola! Buenos días./Buenos días.
b Me llamo X.
c ¿Cómo te llamas?
d ¿Cómo se llama?
e ¡Hola! Buenas tardes./Buenas tardes.
f ¡Hola! Buenas noches./Buenas noches.
g Mi amigo se llama Tom.
h Adiós./Adiós, hasta luego.
i Hasta mañana.

B Mucho gusto

1D
b No (estoy) muy bien
c Estoy mal
d Estoy fatal

1E
1. estás
2. está
3. estáis
4. están
5. está
6. están

2B **a** a, ene, a **b** jota, u, a, ene
c ese, a, ene, te, i, a, ge, o
d erre, o, ese, a, erre, i, o
e e, ele, uve, i, erre, a

2C Carlos, Inés

2D Rosa Nuño Huerta; Name: erre, o, ese, a; first surname: ene, u, eñe, o; second surname: hache, u, e, erre, te, a.

2E **a** Name: a con acento, ene, ge, e, ele. First surname: ese, o, erre, i, a. Second surname: cu, u, i, ene, te, o, ese.
b Name: ce, e, ce, i, ele, i, a. First surname: i, be, a con acento, eñe, e, zeta. Second surname: ge, o, de, o, i griega.
c Name: jota, o, erre, ge, e. First surname: ce, e, ele, a, i griega, a. Second surname: pe, a con acento, e, zeta.
d Name: eme, o, ene, te, ese, e. First surname: ce, a, ese, te, i, elle, o. Second surname: uve, a con acento, zeta, cu, u, e, zeta.

3A 1 Pleased to meet you, the pleasure is mine, how do you do (man talking), how do you do (woman talking). They are all conventional phrases which you can use when being introduced to someone.

2 *encantado*: señor Romero, *encantada:* Blanca, doctora Grandal

3 *encantado:* a man talking, *encantada:* a woman talking

3B
- Mira, Elena, éste es Carlos.
- Hola ¿qué tal?
- Hola.
- Señor Jiménez, ésta es la señora Codesido, presidenta del consejo.
- Mucho gusto. / Encantado.
- El gusto es mío. / Encantada.

3C 1 Kiss 2 Shake hands.

Consolidation

A 1 ¡Hola! (Paco). ¿Cómo estás? / ¡Hola! (Paco). ¿Qué tal?
2 ¡Hola! ¿Qué tal?
3 Mira (your name), ésta es la señora Gil.
4 ¿Cómo está?
5 ¿Cómo estás?
6 ¿Cómo se escribe tu nombre?
7 ¿Cómo se escribe su nombre?
8 ¿Cómo se llama tu amigo/amiga?

B a 2, b 3, c 1.

C 1 ¿Cómo te llamas?
2 ¿Cómo estás?
3 ¿Cómo se llama?
4 ¿Cómo está?

C ¿De dónde eres y dónde vives?

1A 1 g 2 i 3 d 4 k 5 h 6 l 7 b 8 j 9 c 10 f 11 a 12 e

1B 1 Because Ricardo is a man and Ana is a woman and the adjective agrees with the gender of the person referred to: Ricardo, masculine; Ana, feminine.
3 Again the adjective must agree in number and gender with what it is referring to. Ricardo and Eduardo are two men so the adjective is masculine plural; Ana and Carmen are two women so the adjective must be feminine plural.
4 mexicanos, mexicanas, holandeses, canadienses.

1C

	singular		plural	
país	masculino	femenino	masculino	femenino
Portugal	portugués	portuguesa	portugueses	portuguesas
Francia	francés	francesa	franceses	francesas
Escocia	escocés	escocesa	escoceses	escocesas
Gales	galés	galesa	galeses	galesas
Irlanda	irlandés	irlandesa	irlandeses	irlandesas
Italia	italiano	italiana	italianos	italianas
Grecia	griego	griega	griegos	griegas
Alemania	alemán	alemana	alemanes	alemanas
Brasil	brasileño	brasileña	brasileños	brasileñas
Holanda	holandés	holandesa	holandeses	holandesas
Estados Unidos	estadounidense	estadounidense	estadounidenses	estadounidenses

3A **1** soy **2** eres **3** es **4** es **5** somos **6** sois **7** son **8** son

3B
1. Bob es canadiense.
2. Michelle es francesa.
3. Yo soy escocés. / escocesa.
4. Somos italianos.
5. ¿Eres portugués?
6. Ellas son alemanas.
7. ¿Sois griegos?
8. Ellos son rusos.

3C
1. Will es de Gales. / Will es galés.
2. Emma es de Escocia. / Emma es escocesa.
3. Mike y John son de Inglaterra. / Mike y John son ingleses.
4. Lisa es de los Estados Unidos. / Lisa es estadounidense.
5. Sarah es de Irlanda y Carmen es de España. / Sarah es irlandesa y Carmen es española.
6. Emma
7. Will
8. Lisa
9. Carmen
10. Sarah

3D
1. Brigida es de Alemania. Es alemana.
2. Luis es de España. Es español.
3. Soy de Escocia. Soy escocés. /escocesa.

4 Soy de los Estados Unidos. Soy estadounidense.
5 Somos de Canadá. Somos canadienses.
6 (Ellos) son de Grecia. Son griegos.
7 Somos de Inglaterra. Somos ingleses / inglesas.
8 (Ellas) son de Japón. Son japonesas.
9 Tom y Jane son de Gales. Son galeses.

4A
 a Laura Díaz vive en París.
 b Alain Tournier vive en Londres.
 c Marta vive en Madrid.
 d Robert y Alain viven en Londres.
 e Alain es de Francia / es francés.
 f Laura es chilena.

4C

PERSON 1	PERSON 2	PERSON 3
nombre: María	**nombre:** Peter	**nombre:** Irene
apellido: Blanco Zas	**apellido:** Smart	**apellido:** Iglesias Torres
nacionalidad: española	**nacionalidad:** inglesa	**nacionalidad:** chilena
lugar de residencia: Sevilla	**lugar de residencia:** San Francisco	**lugar de residencia:** Roma

5A **hablar**: hablo, hablas, habla, hablamos, habláis, hablan
aprender: aprendo, aprendes, aprende, aprendemos, aprendéis, aprenden
escribir: escribo, escribes, escribe, escribimos, escribís, escriben

5B **1** estudias **2** aprendemos **3** viven **4** escribe **5** Habla **6** vive **7** trabajamos **8** bebo

5C **1** Yo soy de Madrid. Soy española pero vivo en Londres. Mi primer apellido es Cooper y mi segundo apellido es Ramos.
2 Edward y Caroline son norteamericanos, de San Antonio, Texas pero viven en España, en Granada. Son estudiantes. Estudian español y aprenden mucho.

3 Se llama Stefan Fiedler. Es alemán pero vive en Sevilla. Escribe novelas y también estudia español. Aprende mucho porque habla mucho.

Consolidation

A 1 inglesa 2 francesa 3 escocesa 4 portuguesa 5 alemana

B 1 ¿De dónde eres?
 2 ¿Cómo se llama?
 3 Mi apellido es Rico Colomer.
 4 Mi nombre es Fernando Bravo / Me llamo Fernando Bravo.
 5 (Yo) soy español /española, de Córdoba
 6 ¿Dónde vives?
 7 (Yo) vivo en Birmingham.
 8 ¿Dónde viven los señores López?
 9 Buenos días. ¿Cómo está (usted)?
 10 Nosotros somos italianos de Roma pero vivimos en Buenos Aires.

C **Secretaria:** se llama; Beaton; su apellido; De, a, te, o, eme; De dónde es
 Estudiante: Beaton; se escribe; inglés

D ¿Qué idiomas hablas?

1A 1 Roma, italiano
 2 Beijing, chino
 3 Madrid, español
 4 Londres, inglés
 5 París, francés
 6 Varsovia, polaco
 7 Lisboa, portugués
 8 Atenas, griego
 9 Moscú, ruso
 10 Caracas, español

1D 1 Carmen habla español e italiano.
 2 No, Attilio no habla inglés, habla italiano.
 3 Alain habla francés y griego.
 4 No, María no habla alemán, habla portugués.
 5 Peter habla inglés, ruso y japonés.
 6 Se llama Alain.
 7 Peter.
 8 María / Carmen / Peter / Attilio.
 9 Carmen.
 10 Australiana.

1E 1 Carmen no es italiana.
 2 Pedro no aprende ruso.
 3 María no es española.
 4 Attilio no habla griego.
 5 El hombre francés no se llama Michel.
 6 Alain no estudia francés.

1F
1 Some time between 9am and midday
2 Jota, o, hache, ene, ese, o, ene
3 inglés, español e italiano

1G
1 How (good)'s your French? / What's your French like?
2 muy bien, no muy bien, bastante bien, muy mal. Other words: bien, regular, mal, fatal.

2A
24 veinticuatro
25 veinticinco
27 veintisiete
28 veintiocho
29 veintinueve
32 treinta y dos
33 treinta y tres
34 treinta y cuatro
35 treinta y cinco
36 treinta y seis
38 treinta y ocho
39 treinta y nueve

2B **a** siete **b** once **c** diecinueve **d** veinticinco **e** treinta y tres **f** cuarenta y ocho **g** cincuenta y tres **h** sesenta y dos **i** setenta y uno **j** ochenta **k** noventa y seis **l** noventa y nueve

2C 0, 19, 33, 59, 60, 95

3B
1 Por favor, ¿puede repetir?
2 Perdón, pero no entiendo, no hablo muy bien el español.
3 ¿Puede(s) hablar más despacio, por favor?
4 ¿Puedes hablar más alto?
5 ¿Cómo se dice *friend* en español?
6 ¿Cómo se pronuncia tu nombre?

Consolidation

A 12 (doce), 27 (veintisiete), 44 (cuarenta y cuatro), 5 (cinco), 14 (catorce), 92 (noventa y dos), 50 (cincuenta), 10 (diez), 60 (sesenta), 73 (setenta y tres), 18 (dieciocho), 39 (treinta y nueve).

B
1 ¿Cómo te llamas? / ¿Cómo se llama?
2 ¿De dónde eres? / ¿De dónde es?
3 ¿Dónde vives? / ¿Dónde vive?
4 ¿Qué idiomas hablas? / ¿Qué idiomas habla (usted)?
5 ¿Qué tal hablas francés? / ¿Qué tal habla francés?

D
1 Perdón, pero no entiendo, no hablo muy bien el español.
2 ¿Entiendes?
3 ¿Puede hablar más despacio, por favor?
4 ¿Puede(s) repetir, por favor?
5 ¿Cómo se dice *dog* en español?
6 ¿Cómo se escribe tu apellido?

Acércate al mundo del español

A 1 a 2 c 3 b 4 c 5 c 6 a

C Argentina, Chile, Cuba, México, Panamá, Venezuela

Unidad 2

A La familia

1A
1 Tiene dos hermanas.
2 Se llaman Elena y Cristina.
3 Vive en Barcelona.
4 Se llama Jaime.
5 Se llama Victoria.
6 Tiene tres hijos.
7 Es de España.
8 Sí, está casado (con Letizia).
9 Sí, está casada (con Iñaki).

1B madre … hermana … hermana … sobrino … cuñado … mujer/esposa

1C 1 padre, madre 2 hermano 3 hermanos, hijos 4 hermana 5 tío 6 sobrinos 7 abuelo, abuela 8 nietos 9 suegra, suegro 10 yernos 11 primos 12 cuñados

1E Francisco e Isabel son los padres de Enrique.
Carmen es la hermana de Enrique y Javier.
Paz y Marta son las primas de Natalia y Luis.
José es el marido de Carmen.
Francisco es el abuelo de Luis, Natalia, Marta y Paz.
Luis es el primo de Marta y Paz.

1F 1 c 2 e 3 d 4 f 5 a 6 b

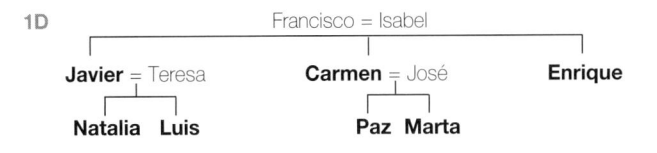

1D

```
                    Francisco = Isabel
        ┌───────────────────┼───────────────────┐
   Javier = Teresa      Carmen = José        Enrique
     ┌─────┴─────┐        ┌────┴────┐
  Natalia     Luis       Paz      Marta
```

1H

1	2	3
Nombre: Javier	Nombre: Marina	Nombre: Jorge
Apellidos: Muñoz Garrido	Apellidos: Pacheco Flores	Apellidos: Gil Merlo
Nacionalidad: cubana	Nacionalidad: española	Nacionalidad: chilena
Lugar de residencia: Santander	Lugar de residencia: Alicante	Lugar de residencia: Sevilla
Estado civil: casado	Estado civil: soltera	Estado civil: casado
Número de hijos: dos	Número de hijos: uno	Número de hijos: cuatro

2A abuela, madre, hija, tía, prima, cuñada, esposa / mujer

2B esposo / marido, sobrino, nieto, suegro, hermano, yerno

2C
m	f
heredero	amiga
niño	ciudad
país	esposa
chico	mano
gato	canción
sistema	foto
apellido	madre
marido	región
problema	reina

3A hombres, televisiones, idiomas, clases, ciudades, tabúes, paces, martes

3B mujer, familia, amistad, sefardí, país, nuera, lápiz

Consolidation

A **1** a **2** c **3** b **4** c **5** d

B rey/reina, padre/madre, yerno/nuera, marido/mujer, príncipe/princesa

C El señor Francisco está casado. Su mujer es venezolana. Ella vive en Caracas y él vive en Nueva York. Tienen dos hijos. El padre de su mujer está divorciado y vive con él. Su suegra vive en Madrid con su hijo.

B ¡Cumpleaños feliz!

1A
- **a** Nuestros padres
- **b** Su tío/el tío de él
- **c** Tu madre
- **d** Mi padre
- **e** Vuestra suegra
- **f** Su hija/la hija de ella
- **g** Sus hermanas
- **h** Sus hermanos/los hermanos de él

- **i** Su cuñada/la cuñada de usted
- **j** Mis cuñados
- **k** Sus sobrinos/los sobrinos de él
- **l** Tus primos
- **m** Nuestras tías
- **n** Sus hermanos
- **o** Sus nietos/los nietos de ella

1B
- **a** El padre de Juan
- **b** La hermana de Maribel
- **c** Los padres de Pedro
- **d** Los nietos de Ignacio
- **e** La mujer / esposa de mi hermano
- **f** El primo / la prima de mi madre
- **g** La hija de Alberto y de Silvia
- **h** Los hijos de Javier y de Liliana

1C
- **a** Mi**s** amigo**s** **son** de Cuba.
- **b** Nuestra**s** tía**s** escribe**n** muy bien.
- **c** Tu**s** profesor**es** vive**n** en California.
- **d** Su**s** primo**s** están divorciado**s**.
- **e** Vuestro**s** cuñado**s** **son** soltero**s**.
- **f** Nuestro**s** padre**s** enseña**n** kárate.

2B
- **a** ¿Cuántos años tiene Felipe de Borbón? (Felipe de Borbón) tiene … años.
- **b** ¿Cuántos años tiene Isabel Allende? (Isabel Allende) tiene … años.
- **c** ¿Cuántos años tiene Antonio Banderas? (Antonio Banderas) tiene … años.
- **d** ¿Cuántos años tiene Plácido Domingo? (Plácido Domingo) tiene … años.
- **e** ¿Cuántos años tiene Sergio García? (Sergio García) tiene … años.
- **f** ¿Cuántos años tiene Carlos Fuentes? (Carlos Fuentes) tiene … años.

3B
- **a** El diez de octubre
- **b** El treinta de abril
- **c** El catorce de febrero
- **d** El veinticuatro de agosto
- **e** El cinco de mayo
- **f** El veintisiete de se(p)tiembre
- **g** El nueve de marzo
- **h** El doce de junio
- **i** El quince de noviembre
- **j** El once de enero

3C
1. veinticinco de diciembre
2. treinta y uno de diciembre
3. seis de diciembre
4. primero de noviembre
5. dieciséis de se(p)tiembre
6. catorce de febrero
7. siete de julio

4C

Nombre	Edad	Día del cumpleaños
Alberto	setenta y un años	veintisiete de marzo
Laura	dieciocho años	dos de junio
Gabriel	cuarenta años	primero de octubre
Manolo	veinticinco años	siete de julio
Remedios	cincuenta y tres años	catorce de enero
Gloria	nueve años	doce de agosto

4D **1** Es inglés.
2 Julia es mayor.
3 Se llama Julia.
4 Tiene cuatro sobrinas.
5 Viven en La Coruña.
6 Se llama Emilia.
7 Es el doce de mayo.

Consolidation

B **1** nuestros **2** tu **3** su
4 nuestra **5** su **6** sus **7** su
8 su **9** tus **10** su, su

C **a** veintisiete de enero;
b primero de abril; **c** quince de noviembre; **d** veintiuno de marzo; **e** siete de febrero;
f trece de mayo

C ¿Cómo es?

1A **1** la cabeza; **2** la(s) oreja(s);
3 la cara; **4** el cuello; **5** el pecho; **6** el/los brazo(s); **7** la(s) mano(s); **8** los dedos de los pies; **9** la(s) pierna(s); **10** el/los pie(s); **11** los dedos de la mano; **12** la espalda; **13** la boca; **14** la nariz.

2A **1** Describes a man. We know this because of the gender and number of the adjectives: *gordo, bajo*. Remember adjectives agree in gender and number with the noun or in this case pronoun that qualify: *gordo* and *bajo* can only qualify a masculine and singular noun. Another clue that this is a man is that the person described has *bigote* (moustache).
2 Describes a woman. We know this because of the gender and number of the adjectives: *alta, delgada, atractiva*.

2B **1** *el pelo* (m., sing.), *la cara* (f., sing.), *los ojos* (m. pl.), *la nariz* (f. sing.)

2 el pelo blanco, corto y liso; la cara redonda, los ojos marrones, la nariz pequeña.
3 The adjectives agree with the nouns they modify in gender and number.
4 All the adjectives appear after the noun they modify.

2C **1** older woman; **2** younger man; **3** younger woman; **4** older man.

2D **1** Mi**s** sobrino**s** son inteligente**s**
2 **Los** ordenador**es** son nuevo**s**
3 **Los** amigo**s** de Pedro **son** tranquilo**s**
4 **Los** chico**s** canadiense**s** **son** amable**s**
5 La**s** clase**s** son grande**s**
6 Su**s** marido**s** son feo**s**
7 Nuestro**s** tío**s** son tímido**s**
8 Vuestro**s** perro**s** **son** bueno**s**

2E **1** Mi prima es atractiv**a**.
2 Su **madre** es de estatura mediana.
3 Nuestr**a** amig**a** es guap**a**.
4 Tu suegr**a** es baj**a**.

5 Vuestr**as** **mujeres** son jóvenes.
6 Mis niet**as** son inteligentes.
7 Su **nuera** es fe**a**.
8 Tus herman**as** son holgazan**as**.

2F **1** d; **2** h; **3** b; **4** f; **5** g; **6** c; **7** a; **8** e

2G **1** Mi hija tiene los ojos azules.
2 El niño alto y gordo es mi primo Pedro.
3 Tengo un novio muy atractivo.
4 Vivimos en una casa pequeña y vieja.
5 Tengo un coche nuevo.
6 Mi profesora española, Dolores, es muy alta.
7 (Ella) tiene el pelo largo y rizado.
8 Rosa y Miguel son felices.

2H Mi mujer es muy guap**a**. No es muy joven. Tiene el pelo rubi**o** y ondulad**o**.
Su cara es redond**a**. Tiene los ojos marron**es** y grand**es**, una nariz pequeñ**a** y una boca grand**e**. Sus manos son muy bonit**as**. Tiene los dedos larg**os** y delgad**os**.

3A

introvert	pacient	happy	active	extrovert	pessimistic
nice	hardworking	selfish	interesting	generous	nervous
unfriendly	optimist	lazy	tranquil/calm	boring	impacient
organised	pasive	serious	disorganised		

3B

+	−
optimista	pesimista
simpático/a	antipático/a
organizado/a	desorganizado/a
paciente	impaciente
trabajador/a	holgazán/zana
activo/a	pasivo/a
alegre	serio/a
generoso/a	egoísta
interesante	aburrido/a
tranquilo/a	nervioso/a
extrovertido	introvertido

3C

Mónica: alegre, muy optimista, bastante extrovertida, un poco holgazana, egoísta, muy simpática.

Lionel: muy trabajador, bastante serio, nada nervioso, un poco impaciente, antipático.

Ana: bastante introvertida, un poco pesimista, trabajadora, muy desorganizada, bastante interesante.

4B The expressions *es muy feo, es alegre, soy nerviosa, soy una persona tranquila* indicate a permanent characteristic of a person.

The expressions *está muy guapo, está triste, estoy tranquila, estoy nerviosa* indicate a temporary changeable state or condition of a person.

4C
1. está
2. Estoy
3. es […] está
4. es […] está
5. es […] está
6. son […] están

Consolidation

A (1) mayor; (2) optimista; (3) impaciente; (4) mediana; (5) blanco; (6) alargada; (7) pequeña); (8) bigote; (9) marrones; (10) activo; (11) delgado; (12) feas; (13) largos; (14) simpático.

B
1. Es un hombre mayor pero tiene un aspecto joven
2. (Tiene el pelo) blanco
3. pequeña
4. no, no lleva gafas.
5. Son marrones
6. Son largos y delgados

C Adjectives that describe physical appearance: *mayor, joven, mediana, fuerte, blanco, liso, alargada, proporcionada, pequeña, grande* (2), *marrones, delgado, musculoso, feas, fuertes, largos, delgados.*

Adjectives that describe character: *alegre, optimista, impaciente, generoso, activo, trabajador, desorganizado, simpático, aburrido.*

D *demasiado impaciente, un poco desorganizado, manos feas.*

D ¿A qué te dedicas?

1A futbolista – equipo de fútbol
fotógrafa – periódico
camarero – bar
profesora de idiomas – escuela de idiomas
secretaria – oficina
recepcionista – hotel
estudiante – universidad
médico – hospital
dependiente – tienda
traductor – editorial
empleado de banco – banco

1B Paco es recepcionista. Trabaja en un hotel.
Irene es fotógrafa. Trabaja en un periódico.
Miguel es médico. Trabaja en un hospital.
Juliana es secretaria. Trabaja en una oficina.
Guillermo es camarero. Trabaja en un bar.
Laura es estudiante. Estudia en la universidad.

2A

	singular	plural
1	el hombre	los hombres
2	el chico	los chicos
3	el libro	los libros
4	el camarero	los camareros
5	la casa	las casas
6	la arquitecta	las arquitectas
7	el día	los días
8	la mujer	las mujeres
9	la mano	las manos

2B un padre, un príncipe, un marido, unos señores, unos abuelos, una amiga, unos compañeros, unas suegras, una profesora, una madre.

2C **1** el **2** Las […] del **3** La […] un **4** Los **5** unos **6** El […] un **7** un **8** La

3A **a** la médica > doctor; **b** la taxista > taxi driver; **c** la jardinera > gardener; **d** la cantante > singer; **e** la abogada > lawyer; **f** la ingeniera > engineer; **g** la programadora > programmer; **h** la mecánica > mechanic; **i** la deportista > sportswoman; **j** la peluquera > hairdresser; **k** la traductora > translator; **l** la estudiante > student.

4C

nombre	nacionalidad	estado civil	lugar de residencia	profesión	lugar de de trabajo
Laura	mexicana	casada	Cancún	progamadora	una oficina
Óscar	alemán	soltero	Tokio	estudiante	una universidad
Carlota	italiana	divorciada	Londres	dependienta	una tienda
David	australiano	casado	Nueva York	traductor	una editorial
Soledad	uruguaya	soltera	Edimburgo	profesora	una escuela de idiomas
Leticia	colombiana	divorciada	Buenos Aires	camarera	un bar

4E
1. mecánico 2. médica
3. peluquero 4. arquitectos
5. periodistas 6. cantante

4F
1. ¿Dónde vive?
2. ¿Está casado?
3. ¿Tiene hijos?
4. ¿Cuántos años tiene?
5. ¿A qué se dedica (usted) / Qué hace (usted) / Cuál es su profesión / En qué trabaja (usted)?
6. ¿A qué se dedica su mujer?
7. ¿A qué se dedican sus hijos?

4G Pablo vive en Pachuca, México. Está casado y tiene tres hijos: una hija y dos hijos. Tiene setenta y dos años. Es médico, pero ya no trabaja; está jubilado. Su mujer es pintora. Su hija María es secretaria; su hijo Manuel estudia medicina y su hijo Jorge es periodista pero no tiene trabajo, está en paro.

5A outgoing / extrovert; reliable / punctual; organised; patient; (pro)active; (self)disciplined; dynamic / energetic; creative; independent / self reliant

5B

Positive	Negative
divertido	monótono
creativo	aburrido
fácil	duro
interesante	peligroso
seguro	difícil
	cansado

5C

	trabajo	+	−
Elena	profesora	interesante	duro
Amador	dependiente	aburrido	fácil
Violeta	mecánica	divertido	cansado
Mario	policía	interesante	peligroso
Carlota	arquitecta	creativo	difícil
Javier	taxista	monótono	seguro

Consolidation

A
1. un bar
2. un periódico
3. la/una universidad
4. un hospital
5. un hotel

B
1. jubilada
2. en paro / parado
3. jubilado

Acércate al mundo del español

A 1 e; 2 b; 3 d; 4 c; 5 a

B **1** True; **2** False, all Spaniards speak Spanish but catalán is only spoken in Cataluña; **3** True; **4** False, Quechua is also spoken.

Unidad 3

A Cosas de ciudad

Places to stay: el hotel
Information: la Oficina de Turismo; el ayuntamiento
Streets, etc.: la calle, la avenida, la plaza, el parque
Shops: las tiendas, el supermercado, el mercado, los grandes almacenes
Bank/Post Office: el banco, la oficina de correos
Public Buildings: la catedral, la iglesia
Health: el hospital, la farmacia
Culture & entertainment: el museo, el teatro, el cine
Transport: la estación de autobuses, la parada de autobús, la estación de tren, el aeropuerto, el aparcamiento
Eating & drinking: la cafetería, el restaurante

- **1C 1** voy al cine
  - **2** va a la cafetería
  - **3** va a la farmacia
  - **4** va a la Oficina de Correos
  - **5** vamos al banco
  - **6** vais al mercado / al supermercado/a la tienda
  - **7** van al supermercado/a la tienda
  - **8** vas a la estación de autobuses
  - **9** va a la Oficina de Turismo / al hotel
  - **10** van al museo

- **1E** C/; Avda; Pl.; Nº; C.P.; Sr; Sra; Dr

- **1F** Apellidos: *del Río Moreno*
  Calle: *Almeda* Nº: *25*
  C.P.: *14098* Población: *Santiago de Compostela*
  Provincia: *La Coruña*
  País: *España*

- **2B** Instituto de Idiomas: 943 54 23 82
  Ayuntamiento: 923 43 20 76
  Restaurante 'El Sol': 76 39 02
  Embajada de España en Londres: 00 44 071 7 27 24 62

- **2C a** ce, ge, erre, te, arroba, comerce, punto, es: cgrt@comerce.es
  - **b** pe, punto, oliva, arroba, canal, punto, com: p.oliva@canal.com
  - **c** hache, te, te, pe, dos puntos, barra barra, uve doble, uve doble, uve doble, punto, planeta, punto, es: http://www.planeta.es
  - **d** hache, te, te, pe, dos puntos, barra barra, uve doble, uve doble, uve doble, punto, terra, punto, peru: http://www.terra.peru

- **2D** c, f, b

- **2E 1** Es abogada.
  - **2** 892 42 65 87
  - **3** Avda. de las Ciencias, nº 2, 27090 Valencia
  - **4** Luz 2
  - **5** No.
  - **6** Luz2@mailchile.com
  - **7** http://www.luz.chile

- **3A a To attract attention:**
  Tú: Oye, perdona; Perdona
  Usted: Oiga, perdone. Perdone.
  - **b To give an explanation:**
    Tú: Sí, mira
    Usted: Sí, mire
  - **c To ask if there is/are places as in 'is there a chemist?':** ¿Hay (una farmacia) por aquí?
  - **d To ask about the exact location of places:** ¿Dónde está?

- **e To give directions:**
  La primera calle a la izquierda
  La segunda a la derecha
  Al final de esta calle, a la derecha
  En la calle Sol. Todo recto, tercera calle a la izquierda

- **f To say thank you:**
  Muchas gracias. Gracias.

3B 1 está 2 hay 3 hay 4 está 5 está 6 hay

3D
- **a** La tercera calle a la derecha.
- **b** La tercera calle a la derecha.
- **c** (Esta calle) a la izquierda, todo recto.
- **d** Todo recto.
- **e** La segunda calle a la izquierda, al final de la calle.
- **f** La segunda calle a la izquierda y después la primera a la derecha.
- **g** La primera a la izquierda.
- **h** La segunda a la derecha.
- **j** La segunda a la izquierda.

B Mi casa

1C un piso; cerca del centro; tres dormitorios; dos cuartos de baño; un salón y una cocina grande y moderna; ascensor; grande; bonito; nuevo; 120m²

1F
- **a** Señor 1 – 3rd floor
- **b** Señora – 6th floor
- **c** Señor 2 – 10th floor

2C
1 flat
2 price, standard of construction, layout
3 proximity to workplace
4 3
5 2
6 between 70 and 120 m²

3A 3, 4, 1, 2

3B 1 e; 2 g; 3 f; 4 b; 5 h; 6 c; 7 d; 8 a

4A Hay dos guitarras. / Hay dos.
Hay un libro. / Hay uno.
Hay tres cuadros. Hay tres.
Hay un periódico. / Hay uno.
Hay cuatro camisas. / Hay cuatro.
No hay ninguna persona. / No hay ninguna.
No hay ninguna bicicleta. / No hay ninguna.
No hay ningún niño. / No hay ninguno.

4B
1 Cuántas / una
2 Cuántos / uno
3 Cuántos / un […]
4 Cuántas / ninguna
5 Cuántas / ninguna
6 Cuántos / ningún […]

Consolidation

C **a** debajo de **b** enfrente de
c encima de **d** detrás de
e al lado de **f** dentro de
g delante de

C La ciudad y el pueblo

2B **1** mejor **2** peor **3** mayor **4** menor **5** mejor **6** mejor

3B **1** V **2** F **3** V **4** F **5** F

4B
1. al / porque
2. prefieren / al / más
3. a la / porque
4. preferís / al

5A
363 trescientos sesenta y tres
918 novecientos dieciocho
465 cuatrocientos sesenta y cinco
286 doscientos ochenta y seis
124 ciento veinticuatro
809 ochocientos nueve
777 setecientos setenta y siete
612 seiscientos doce
515 quinientos quince

5C 525 (quinientos veinticinco); 931 (novecientos treinta y uno); 102 (ciento dos); 875 (ochocientos setenta y cinco); 427 (cuatrocientos veintisiete).

5D
a. Ciento cinco dólares
b. Quinientos cuarenta y tres pueblos
c. Novecientos noventa y nueve euros
d. Cien personas
e. Ochocientos ochenta y ocho ciudades
f. Cuatrocientos cinco hombres
g. Novecientos veintitrés habitantes
h. Seiscientos sesenta y siete coches

Consolidation
A
Elisa: Prefiero la ciudad.
Enrique: Prefiero el pueblo.
Elisa: La ciudad es más estimulante; el pueblo es menos estresante pero es más aburrido.
Enrique: La ciudad es sucia. El pueblo es más sano, más tranquilo y más barato.
Elisa: Prefiero ir en metro. El metro es menos cansado.
Enrique: Prefiero la bicicleta. La bicicleta es más relajante y ecológica; el coche es estresante.

D En la ciudad

1A
a. mil doscientos cinco hoteles
b. seis mil pesos mexicanos
c. diez mil cien dentistas
d. ciento un mil quinientas trece bicicletas
e. cuatrocientos treinta mil noventa y ocho habitantes
f. quinientas mil trescientas personas
g. un millón novecientos once mil setecientos dieciocho niños

h un millón quinientos mil habitantes / un millón y medio de habitantes

1B
- **a** 1.598 – Mil quinientos noventa y ocho
- **b** 14.800 – Catorce mil ochocientos
- **c** 77.087 – Setenta y siete mil ochenta y siete
- **d** 100.013 – Cien mil trece
- **e** 100.113 – Cien mil ciento trece
- **f** 500.000 – Quinientos mil
- **g** 907.634 – Novecientos siete mil seiscientos treinta y cuatro
- **h** 9.612.000 – Nueve millones seiscientos doce mil

1C
- **a** 7 million 480,740 inhabitants
- **b** some 7½ million inhabitants
- **c** fewer than 7½ million inhabitants
- **d** more than 7½ million inhabitants
- **e** almost 7½ million inhabitants
- **f** approximately 7½ million inhabitants

1 c **2** d **3** b **4** e **5** a

1D **a** Argentina **b** Australia **c** Venezuela **d** Reino Unido / Gran Bretaña **e** España **f** México **g** China **h** Canadá

2A
1. Madrid
2. Cádiz
3. Valencia / Murcia
4. Salamanca
5. Barcelona / Gerona
6. Pontevedra

2B Clockwise from top right: Norte; Noreste; Este, Sureste; Sur; Suroeste; Oeste; Noroeste

2C
1. está en el centro / en el sur (de España) / está en la costa / está en el norte / en el este / en el oeste / en el noreste / en el noroeste / en el sureste / en el suroeste / al norte de
2. cerca de / lejos de / a X km de

3B
1. La más grande es México DF.
2. La Habana.
3. Está en la costa del Golfo de México.
4. No, es una ciudad bellísima.

3C **1** Cuál **2** Qué **3** Cuál **4** Qué

3D **Lionel:** Córdoba / Argentina / En el centro-norte del país / 1.350.000 / industrial, comercial / La catedral

Carmela: Madrid / España / En el centro de la Península Ibérica / 3,016,788 / histórica, dinámica y moderna / El Museo del Prado

3E
1. dónde
2. Cómo
3. qué
4. dónde
5. Cuántos
6. Cómo
7. Qué

4A La Habana es la ciudad más grande del Caribe.

4B
1. Lima es la ciudad más grande de Perú.
2. Carolina es la más rubia de la familia.
3. José Luis es el mejor del grupo.
4. Gran Bretaña es la isla más grande de Europa.
5. Estados Unidos es el país más poblado de Norte América.
6. Mi tío Manuel es el más bajo de mis tíos.
7. Francisco es el más joven de la familia.
8. Es el peor hospital de la ciudad.

4C
1. El Everest es una montaña muy alta / altísima.
2. El Nilo es un río muy largo / larguísimo.
3. Tokio es una ciudad muy poblada / pobladísima.
4. La Ciudad del Vaticano es un país muy pequeño / pequeñísimo.
5. El desierto de Atacama es un desierto muy seco / sequísimo.

4D
1. la montaña más alta
2. el río más largo
3. la ciudad más poblada
4. el país más pequeño
5. el desierto más seco

Acércate al mundo del español

A
1. (Santiago de Compostela) está en el noroeste de España.
2. Santiago es un centro de peregrinación porque en ella se encuentra el sepulcro del Apóstol Santiago.
3. (La Universidad de Santiago es) del siglo XVI.
4. La catedral.
5. El 25 de julio.

Unidad 4

A ¿Qué hora es?

1A **a** Es la una y veinticinco; **b** Son las tres en punto; **c** Son las cinco y veinte; **d** Son las seis y media; **e** Son las ocho menos cuarto; **f** Son las ocho y veinte; **g** Son las diez menos diez; **h** Son las once y cinco.

1B **b** 2.30 **d** 7.40 **f** 11.15 **h** 3.00 **i** 5.50

1C **a** Son las tres y cinco de la tarde.
b Son las siete y cuarto de la mañana.
c Son las once y veinte de la noche.
d Son las ocho y media de la mañana.
e Es medianoche / son las doce de la noche.
f Son las seis menos diez de la tarde.
g Es mediodía / son las doce del mediodía.
h Son las diez y diez de la noche.

1D **a** Son las ocho y media de la mañana (8.30 a.m.); **b** Son las dos y media de la tarde (2.30 p.m.); **c** Son las nueve y media de la mañana (9.30 a.m.); **d** Son las tres y media de la tarde (3.30 p.m.); **e** Son las diez y media de la noche (10.30 p.m.); **f** Son las tres y media de la tarde (3.30 p.m.); **g** Son las nueve y media de la noche (9.30 p.m.); **h** Son las diez y media de la mañana (10.30 a.m.).

2B **2** verdadero **3** falso **4** falso **5** falso **6** verdadero

2C por la mañana = in the morning
al mediodía = at noon
por la tarde = in the afternoon
por la noche = in the evening

2E **1** de **2** por **3** de **4** por **5** por

3A **1** únicamente
2 horriblemente
3 divinamente
4 enérgicamente
5 constantemente

3B **1** respetuosa y amablemente
2 correcta pero lentamente

3G **1** vuelvo **2** te despiertas **3** inviertis **4** juegan **5** fregamos **6** quiere **7** cuesta **8** repite

Consolidation

B normalmente; sobre las diez; por la mañana; un poco; después; por la tarde; a veces; por la noche; temprano

C me despierto / voy / voy / me quedo / veo / duermo / mis amigos / me acuesto

B Los horarios

1A Comida: **1** d **2** i **3** f **4** g **5** k **6** j **7** n **8** m **9** h **10** l **11** b **12** a **13** c **14** e
Bebidas: **1** e **2** d **3** b **4** a **5** c

2B **1** false **2** true **3** false **4** false **5** false

3B
1. A las ocho y media de la mañana.
2. A las nueve de la noche.
3. Todos los días excepto los sábados.
4. Los lunes, miércoles, viernes y domingos.
5. A las cinco y media de la tarde.

1C

	españoles
A media mañana	sobre las once café / bebida
Antes de comer El aperitivo	hacia la una tapa con vino / cerveza / refresco
La comida	a mediodía entre las dos y tres de la tarde mucho 1er plato: sopa / ensalada / arroz 2º plato: carne / pescado + vino/ agua postre: fruta / dulce / café
La merienda	por la tarde entre las cinco y media y las seis bocadillo + bebida dulce con café
Antes de la cena	a partir de las ocho tapas con bebida
La cena	por la noche entre las nueve y diez y media de la noche bastante pero más ligera que la comida sopa / ensalada / huevos / tortilla / queso / fruta

3C

	destino	hora de salida	número de andén
1	Orense	19.30	3
2	Pontevedra y Vigo	20.00	10
3	Bilbao, San Sebastián, Irún	15.25	— —
4	Madrid	11.15	7
5	Aeropuerto de Lavacolla	19.45	17

Consolidation

A **1** desayuno
   2 aperitivo
   3 comida
   4 merienda
   5 cena

B **1** (b) tanto como
   2 (a) más que
   3 (b) más … que
   4 (b) peor que
   5 (c) menos que

C **1** ¿A qué hora sale el primer tren para Veracruz?
   2 ¿De qué hora a qué hora trabajas/ Desde … hasta …?
   3 ¿Desde qué hora hasta qué hora está abierta la farmacia?
   4 ¿A qué hora llega el último autobús?
   5 ¿Qué horario tiene la oficina?/¿De qué hora a qué hora está abierta la oficina?

C La rutina diaria

1A ocho menos cuarto; a las ocho y diez; a las ocho y veinte; a las nueve en punto; a las once y cuarto; A la una y media; a las dos y media; a las cuatro y veinticinco; a las ocho de la tarde; a las diez; a las doce de la noche/a medianoche.

1C se despierta (despertarse*)
se levanta (levantarse)
se ducha (ducharse)
se acuesta (acostarse*)
*= stem-changing

1D desayuna (desayunar)
come (comer)
cena (cenar)

1E **a** sale de
     b llega a
     c vuelve a
     d empieza a
     e termina de

1F
1. Empieza a trabajar a las nueve (de la mañana).
2. Por la tarde, sale de casa a las cuatro menos cuarto. (It takes him 40 min. to travel to his office from home.)
3. Termina de trabajar a las ocho de la tarde.
4. Regresa a casa a las diez de la noche.
5. Se acuesta a las doce de la noche.

2A siempre; casi siempre; normalmente; a menudo; a veces; nunca

3B
1. past (up to and including present) 2. yes and no 3. no

3D
1. hemos ido
2. habéis terminado
3. (ustedes) han trabajado
4. (ellas) han estado
5. hemos asistido

3E
1. Esta mañana el banco ha abierto tarde.
2. ¿Has ido al cine esta semana?
3. Hoy hemos venido de Venezuela.
4. Esta tarde Marta y Marisa han tomado un café en mi casa.
5. ¿Han dormido ustedes la siesta hoy?

Consolidation

A
1. he desayunado a las X;
2. han jugando al fútbol;
3. hemos cenado a las X; 4. ha llegado tarde. *Note: other variations are possible.*

B Últimamente ha tenido muchos problemas.
Este fin de semana no han hecho nada.
Hoy hemos llegado tarde a una reunión.
Esta tarde después de trabajar he ido al teatro.
Recientemente he estado muy cansada.
Este año hemos visitado dos veces El Salvador.
Note: other variations are possible.

D Tareas domésticas

1A limpiar el polvo – d; limpiar el cuarto de baño – f; pasar el aspirador – e; fregar los platos – c; poner la lavadora – b; colgar la ropa – h; planchar – g; hacer la cama – a

1B
1. Clara siempre hace la cama
2. Limpia el polvo todos los días.
3. Pasa el aspirador alguna vez.
4. Friega los platos a menudo.
5. Nunca cuelga la ropa.

- **6** Casi nunca pone la lavadora.
- **7** Plancha una vez a la semana.
- **8** Limpia el cuarto de baño frecuentemente.
- **9** Casi siempre cocina.

2B 1 Falso. La sociedad española ha cambiado mucho en los últimos años.
- **2** Falso. La limpieza de la casa es responsabilidad de la mujer.
- **3** Falso. En España, las mujeres organizan la casa.
- **4** Verdadero.
- **5** Verdadero.

3B a Está durmiendo.
- **b** Está corriendo.
- **c** Está bebiendo/comiendo.
- **d** Está pensando.
- **e** Está escribiendo.

3C 1 Sofía está estudiando.
- **2** Carlos está duchándose / se está duchando.
- **3** Juan está viendo la televisión.
- **4** La profesora Jiménez está dando clase.
- **5** Corina está preparando la cena.

3D 1 puedo / estoy escribiendo
- **2** siento / está hablando
- **3** puedo / estoy estudiando
- **4** siento / estoy esperando
- **5** sentimos / estamos terminando

Consolidation

A Ha arreglado el salón; Ha limpiado el polvo; Ha fregado los platos; Ha hecho la cama; Ha arreglado el dormitorio. No ha pasado el aspirador; no ha limpiado el cuarto de baño.

B 1 colgando / No, no está colgando la ropa; está cocinando.
- **2** leyendo / No, no estoy leyendo; estoy viendo la televisión.
- **3** durmiendo / No, no están durmiendo; están jugando a las cartas.
- **4** estudiando / No, no estamos estudiando; estamos descansando.
- **5** pasando / No, no está pasando el aspirador; está limpiando el cuarto de baño.
- **6** aprendiendo / No, no estamos aprendiendo francés; estamos

aprendiendo español.
7 corrigiendo / No, no está corrigiendo; está explicando el gerundio.
8 escuchando / No, no estoy escuchando la radio; estoy haciendo los ejercicios de español.

Acércate al mundo del español

C La siesta permite aumentar la concentración, el rendimiento, la productividad e incluso la creatividad. Permite aumentar la capacidad física e intelectual, relajar los músculos y la mente y disfrutar de este pequeño placer en la mitad del día.

Unidad 5

A Objetos

1A 1 un lápiz 2 una pelota 3 una calculadora 4 un cepillo de dientes 5 un bolígrafo 6 un abrigo

1B

	¿Cómo es?	¿De qué es?	¿Para qué sirve?	Objeto
Pepe	color rosa	nylon	para protegerse de la lluvia	un paraguas
Lola	redondo y gris	cerámica	para comer	un plato
Manolo	cuadrado	cristal	para mirarse	un espejo
Marisa	rosa	tela	para protegerse del sol	un sombrero

1C Es una mochila de piel, de color marrón. Sirve para llevar cosas. Son unas gafas de metal; las lentes son de cristal. Sirven para leer.

2C
1 las suyas
2 Los vuestros
3 la vuestra
4 los tuyos
5 el mío
6 la suya
7 las mías
8 el suyo
9 la vuestra
10 la nuestra a la suya

3B 1 Su mochila es aquélla.
2 Vuestra clase es ésta.
3 Tus deberes son ésos.
4 Nuestra bicicleta es ésa.
5 Su coche es aquél.
6 Mis camisas son éstas.
7 Tu postre es éste.
8 Vuestro dormitorio es éste.
9 Mi piso es ése.
10 Nuestros relojes son éstos.

3C 1 ésa 2 éste 3 aquéllas
4 estos ... ésos ... aquéllos
5 ésta ... aquélla 6 Este
7 aquel ... Ese 8 Ese

3D 1 ¡Eso es terrible!
2 ¿Qué es eso de ahí?
3 Esto es mío.
4 ¿Entiendes eso?

4A 1 To indicate whom or what something is for.
2 To indicate cause or motive of an action.
3 To indicate intention.
4 To indicate cause or motive

Unit 5

29

of an action.
  5 To indicate movement through.
  6 To indicate destination to.
  7 To indicate a deadline to meet.
  8 To indicate a deadline to meet, 'by or for a certain time'.
  9 To indicate approximate time, 'around'.
  10 To indicate cause.
  11 To indicate intention.
  12 To indicate destination to.
  13 To indicate movement through.

4B 1 por 2 para 3 por 4 para 5 por 6 para 7 para 8 por

Consolidation

A 1 ¿De quién es este coche? ¿Es tuyo?
  2 ¿Este pasaporte es el suyo?
  3 ¿De quién son esos libros? ¿Son vuestros?
  4 ¿Estas fotos son vuestras?
  5 ¿Estas llaves son las tuyas?
  6 ¿De quién es esta tarjeta de crédito? ¿Es vuestra?
  7 ¿Esta pintura es la tuya?

B Terminar o no terminar

1A 1 none 2 a 3 none 4 a 5 none 6 none 7 a 8 none 9 al 10 a

1B Las (tijeras), lo (a Juan).

1D 1 **Te** veo por la ventana.
  2 **Me** llaman por teléfono.
  3 **Lo** han llamado por teléfono.
  4 **Lo** entiendo.
  5 **La** hemos alquilado.
  6 **Os** oigo.
  7 **Los** comprendéis.
  8 **La** han criticado.
  9 **La** queremos comprar. / Queremos comprar**la**.
  10 **Lo** tenemos que alquilar./ tenemos que alquilar**lo**.
  11 **Las** estáis cambiando. / Estáis cambi**á**ndo**las**.
  12 **Nos** tiene que escuchar. / Tiene que escuchar**nos**.

1E 1 Los ejercicios **los** corrijo yo.
  2 Apago la televisión.
  3 La cena **la** hace Rosario.
  4 Los muebles **los** compramos nosotros.
  5 Ellos mandan el regalo.
  6 El paquete **lo** envían ellos.
  7 La conferencia **la** dais vosotros.
  8 Vosotras cerráis la tienda.

2A
1. No, todavía no / aún no los he aprendido.
2. Sí, lo hemos terminado.
3. No, todavía no / aún no lo han visto.
4. Sí, la he hecho.
5. Sí, la he visto.
6. No, todavía no / aún no la han vendido.
7. Sí, lo he mandado.
8. No, todavía no / aún no la he colgado.

3B Suggested answers:
1. …acabo de llegar de viaje.
2. …acaba de entrar en una reunión.
3. …acaba de comprar un coche.
4. …acaba de perder el último tren.
5. …acaba de hervir.
6. …acabamos de cobrar.
7. …acaban de comer.
8. …acaba de encontrar su primer trabajo.
9. …acaba de despegar.
10. …acaban de perder el campeonato.

3C
1. La acabo de comer. / Acabo de comerla.
2. Lo acabo de beber. / Acabo de beberlo.
3. La acabo de dormir. / Acabo de dormirla.
4. Lo acabo de llamar. / Acabo de llamarlo.
5. La acabo de abrir. / Acabo de abrirla.
6. Las acabo de cerrar. / Acabo de cerrarlas.
7. La acabo de llamar. / Acabo de llamarla.

4B 1 sabe 2 conocen 3 Sabes 4 Sabe 5 conoce 6 sabe 7 conocéis 8 conoce 9 conocer 10 sé…conozco 11 Conocéis 12 conoces

Consolidation

A
1. No, no lo he terminado.
2. No, no los hemos recogido.
3. No, no lo ha recibido.
4. No, no los han llamado.
5. No, no lo he enviado.
6. No, no lo hemos visto.
7. No, no las he encontrado.
8. No, no los he devuelto.

B
1. conozco … conoces
2. sabes
3. sé
4. Sabéis
5. conocemos
6. sabe (usted)
7. sabe
8. sé

C Permisos y préstamos

1A
1. ¿puedo encender…? / ¿Puedo llamar…? / ¿Podemos pasar?
2. Imperative

1B
1. Apaga/ Apagad
2. ¡Levántate/ ¡Levantaos
3. Cierra/ Cerrad
4. Lava/ Lavad
5. Haz/ Haced
6. Pide/ Pedid
7. Di/ Decid
8. Acuéstate/ Acostaos

1C
1. Hazla/ Hacedla
2. Límpialo/ Limpiadlo
3. Véndelos/ Vendedlos
4. Termínalas/ Terminadlas
5. Llámalo/ Llamadlo
6. ¡Mándalo!/ ¡Mandadlo!
7. Ponla/ Ponedla
8. Apréndelos/ Aprendedlos

1D
1. cógela
2. usadlo
3. consúltalo

4. escuchadla
5. sal
6. encendedla
7. entra, entra

3A
1. No **te** presto un libro.
2. **Les** entregan los exámenes.
3. **Os** mandamos el paquete.
4. **Le** he escrito un poema.
5. Sr Sánchez ¿**les** ha vendido la casa?
6. **Me** explica el problema.
7. **Le** lee el periódico.
8. No **os** ha comprado una bicicleta.
9. **Les** tengo que comprar / Tengo que comprar**les** un regalo.
10. **Le** quiere prestar / quiere prestar**le** un libro.
11. ¡**Pága**le la cena!
12. Haced**les** el favor.

3B
1. **Lo** como.
2. ¿**La** habéis hecho?
3. **Los** reciben.
4. Usted **lo** mete en el banco.

2C

	¿Me dejas/me prestas…?	¿Me das….?	Sí	No
Dialogue 1	me dejas tu cámara			x
Dialogue 2		un vaso de agua	x	
Dialogue 3	me prestas tu ordenador			x
Dialogue 4	me dejas tus notas de clase		x	
Dialogue 5		tu correo electrónico	x	

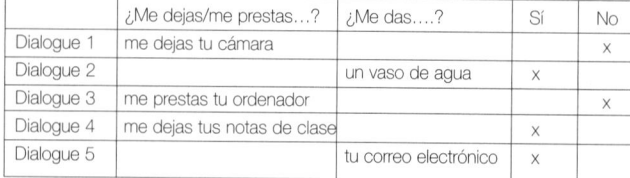

5 ¿**Lo** han mandado ustedes?
   6 **Lo** enseño a los niños.
   7 ¿**Los** tomas por la mañana?
   8 Él no **la** ha llamado.
   9 **Lo** quiero dejar. / Quiero dejar**lo** en casa.
   10 No **la** tengo que llevar. / No tengo que llevar**la**.
   11 ¡Enciénde**la**!
   12 ¡Apagad**lo**!

3C 1 No **te lo** presto.
   2 **Se los** entregan.
   3 **Os lo** mandamos.
   4 **Se lo** he escrito.
   5 Sr Sánchez ¿**se la** ha vendido?
   6 **Me lo** explica.
   7 **Se lo** lee.
   8 No **os la** ha comprado.
   9 **Se lo** tengo que comprar. / Tengo que comprár**selo**.
   10 **Se lo** quiere prestar. / Quiere prestár**selo**.
   11 ¡Pága**sela**!
   12 Hacéd**selo**.

Consolidation

A 1 ¿Puedo abrir la ventana? Es que hace calor.
  2 ¿Puedo encender la radio? Es que quiero oír las noticias.
  3 ¿Puedo quedarme en tu casa a dormir? Es que he perdido las llaves de casa esta mañana.
  4 ¿Puedo llamar por teléfono? Es que tengo que hablar con Marta.
  5 ¿Puedo consultar el diccionario de español? Es que no sé lo que significa..
  6 ¿Puedo subir el volumen de la televisión? Es que no oigo muy bien.
  7 ¿Puedes llevarme a la estación? Es que tengo mucha prisa.

D Los ordenadores

1A a La informática es la ciencia que estudia el tratamiento automático de la información.
   b El ordenador es una máquina que puede realizar automáticamente conjuntos de operaciones arimétricas y lógicas.
   c El hardware se refiere a todos los componentes físicos que integran el ordenador: monitor, ratón, teclado, etc.
   d El software se refiere a las instrucciones que dirigen

las operaciones llevadas a cabo con el hardware: guardar un documento; copiar un texto, etc.
- e Los dispositivos externos se refieren a los dispositivos que realizan una tarea concreta fuera del ordenador.
- f Los dispositivos internos se refieren a los dispositivos que realizan una tarea concreta dentro del ordenador.

1B 1 el disco duro; 2 la disquetera; 3 los disquetes; 4 la impresora; 5 el monitor; 6 el ratón; 7 el teclado; 8 la unidad de CD-Rom.

1C 1 monitor 2 impresora 3 ratón 4 disco duro 5 CPU… microprocesador

2A 1 clarify
2 specify
3 identify

2C 1 El italiano es una lengua **que se habla en Italia**.
2 Pedro es un amigo de la familia **que vive en Buenos Aires**.
3 Éste es el restaurante **en (el) que se come bien**.
4 Carmen es la tía de Pedro **que vive en Venezuela**.
5 Ésta es la máquina **que limpia muy bien**.
6 Ésta es una vecina **que veo todos los días**.

2D El libro **que estoy leyendo** es muy interesante. El personaje principal es una mujer **que tiene una vida difícil**. Esta mujer es dueña de una factoría **que hace muebles de cocina**. Gana mucho dinero pero no es feliz. Su marido, **que está con ella por su dinero**, no la quiere. Él es un hombre **que tiene un caracter complicado**. Su marido ha contratado a un asesino pero ella se ha enterado de ello y ha decidido …

2E que estudia el tratamiento … (la ciencia)
que puede realizar … (una máquina)
que integran el ordenador … (los componentes)
que dirigen las operaciones … (las instrucciones)

3A Inicio – Start
Programas – Programs
Favoritos – Favourites
Documentos – Documents
Configuración – Control panel
Buscar – Search
Ayuda – Help
Ejecutar – Run
Cerrar sesión – Log off
Apagar el sistema – Turn off computer
Cerrar Windows – Close down Windows
Suspender – Stand by
Reiniciar – Re-start
Reiniciar en modo MS-DOS – Re-start MS-DOS
Aceptar – Accept
Cancelar – Cancel

3B Archivo – File
Edición – Edit
Ver – View
Insertar – Insert
Formato – Format
Herramientas – Tools
Tabla – Table
Ventana – Window
Ayuda – Help
Numeración – Numbering
Botón viñetas – Bullets
Occidental – Times Roman
Negrita – Bold
Cursiva – Italics
Subrayado – Underline

3C Abrir – Open
Guardar – Save
Imprimir – Print
Vista preliminar – Print preview
Ortografía y gramática – Spelling and grammar
Cortar – Cut
Copiar – Copy
Pegar – Paste
Copiar formato – Format painter
Deshacer – Undo typing
Rehacer – Redo typing

Consolidation

A **a** Un cuchillo es un objeto que sirve para cortar.
b Un diccionario es un libro que sirve para consultar el significado de las palabras.
c Un(a) futbolista es una persona que juega al fútbol.
d La musicología es la ciencia que estudia la música.
e Un jarrón es un objeto que sirve para poner flores.
f Un(a) escultor(a) es una persona que hace esculturas.
g Una televisión es una máquina que sirve para transmitir imágenes.
h La zoología es la ciencia que estudia los animales.

i Una cama es un mueble que sirve para dormir.

Acércate al mundo del español

A **1** Because huge tortoises called *galápagos* live there.
   2 Because they constitute one of the earth's few natural paradises. The flora and fauna are unique and are of great scientific interest.

Unidad 6

A El tiempo libre

1A **a** Hago deporte.
   b Voy a bailar.
   c Voy al cine.
   d Navego por Internet.
   e Salgo de copas con mis amigos.
   f Veo la televisión.

1B **a** Hace **b** Va **c** Va **d** Navega **e** Sale **f** Ve

1E **Pablo**: va de paseo **todos los fines de semana**, hace deporte **algunas veces**, ve la televisión **casi siempre**, **casi nunca** lee, va al cine **de vez en cuando**, **algunas veces** sale de copas, **a veces** va de compras
Irene: va a bailar todos los sábados y a veces los jueves también, casi nunca **va al cine**, **ve la televisión** todas las noches que no sale, **lee** casi siempre antes de acostarse, **hace deporte** pocas veces y nunca **navega por Internet**. Los domingos **duerme la siesta**.

2A **1** The information asked for refers to future events.
   2 Verb in present tense, present tense of *ir* + a + infinitive, present tense of *pensar* + infinitive

3A **1** Es de Bilbao.
   2 Diez días.
   3 Sábado, domingo, lunes, martes.
   4 El jueves.

3B **1** En el noroeste de Escocia.
   2 Porque es el cumpleaños de su suegro.
   3 En Londres.
   4 No, esta vez no.

3C Lo siento mucho pero es que …

3D **1** Lo siento, pero es que tengo otro cumpleaños el sábado.

2 Lo siento, pero es que voy a casa de mis abuelos el próximo fin de semana.
3 Lo siento, pero es que voy a jugar un partido de fútbol esta tarde.
4 Lo siento, pero es que tengo que trabajar esta noche.
5 Lo siento, pero es que tengo que dar clase mañana.
6 Lo siento, pero es que tengo que ver a unos clientes esta tarde.

4B **1** F **2** V **3** V **4** F **5** V **6** V **7** F **8** F

4C **1** Algunos españoles/ españolas salen con su novia/ novio.
2 Muchos espñoles oyen la radio.
3 Bastantes españoles ven deporte.
4 Muy pocos españoles van al teatro.
5 La mayoría de los españoles ven la televisión.

Consolidation

A **1** ¿Qué piensas hacer? / ¿Adónde piensas ir en el mes de julio?
2 ¿Adónde vais a ir este sábado?
3 ¿Qué vas a hacer el fin de semana?
4 ¿Adónde vas estas vacaciones?
5 ¿Adónde vas hoy después de trabajar?
6 ¿Adónde vais el fin de semana que viene?

B El tiempo y el clima

1A **a** el invierno **b** la primavera **c** el verano **d** el otoño

1B **1** ¿En qué estación del año estamos? Estamos en (verano).
2 El verano en Argentina empieza en diciembre y termina en marzo.
3 La primavera en España empieza en marzo y termina en junio.
4 Las hojas de los árboles caen en otoño.
5 Las flores nacen en primavera.

1C **1** Hemisferio norte: España, Francia, Italia, etc.
Hemisferio sur: Chile, Argentina, Uruguay, etc.
2 otoño

3 En el hemisferio norte: se(p)tiembre, octubre, noviembre y diciembre; en el hemisferio sur: marzo, abril, mayo y junio.

4 En el hemisferio norte: junio, julio, agosto y se(p)tiembre; en el hemisferio sur: diciembre, enero, febrero y marzo.

2C llueve – está lluvioso
hay niebla – está nublado
hay nubes – está nuboso/cubierto
hace sol – está soleado
hace viento – está ventoso
hace calor – está caluroso
hace frío – está frío
hace buen tiempo – está bueno
hace mal tiempo – está malo

2D – ¿Qué tiempo hace en Caracas?
– Hace buen tiempo. Está despejado y un poco ventoso.
– ¿Hace calor?
– Sí, mucho.
– ¿Cuántos grados hace?
– Hace treinta y dos grados centígrados / Celsius

– ¿Qué tiempo hace en Madrid?
– Hace mal tiempo. Hace viento.
– ¿Hace frío?
– Sí, un poco.
– ¿Cuántos grados hace?
– Hace once grados centígrados / Celsius

– ¿Qué tiempo hace en Managua?
– Hace bastante buen tiempo, pero está nublado.
– ¿Hace calor?
– Sí, bastante.
– ¿Cuántos grados hace?
– Hace veinticinco grados centígrados / Celsius

– ¿Qué tiempo hace en Santiago de Chile?
– Hace mal tiempo. Está nublado y llueve.
– ¿Hace frío?
– Sí, bastante.
– ¿Cuántos grados hace?
– Hace doce grados centígrados / Celsius

Note: there are other possible answers.

3B 1 hace … hace
2 ha estado … está
3 es … hace
4 está
5 ha estado … hace

6 es
   7 está … hace
   8 hace

3C **1** Tiene calor.
   2 Tiene frío.
   3 Está bien.

3D **1** continental / muy fríos / veranos / llueve / nieva /14°C.
   2 tropical / lluviosa / mayo / abril / caluroso / 27° / secos / 173

3E **1** Madrid.
   2 En enero.
   3 Febrero.
   4 Octubre.
   5 llueve … nieva.

4A **1** e **2** h **3** i **4** f **5** a **6** d **7** g **8** b **9** c

C Gustos e intereses

1D **1** gusta **2** gustan **3** interesa **4** gusta **5** interesan **6** gusta **7** interesan **8** gustan **9** gusta **10** interesan **11** gusta **12** interesa

1E **1** A ti no te gusta el cine / el fútbol nada.
   2 A sus alumnos no les gusta la clase de las nueve.
   3 A ti y a mí nos gustan los animales.
   4 A mí me gusta el fútbol.
   5 A Carmen y a Elena les gustan las mismas cosas.
   6 A vosotros os gustan los idiomas.

Note: there are other possible answers.

2A A Isabel le gusta muchísimo ir al cine, le gusta bastante leer, le interesan los libros de historia. No le gusta mucho quedarse en casa, le encanta salir de copas y le horroriza ver la televisión.

3C **1** Nos gusta mucho el golf; ¿y a usted?
   – Sí, a mí también.
   2 ¿Os gusta este pueblo?
   – Sí, nos gusta muchísimo.
   3 No me gusta nada el café; ¿y a ti?
   – No, a mí tampoco.
   4 A Ricardo y a Elena les interesa el arte moderno; ¿y a Laura?
   – A ella también.
   5 Les encanta la comida india; ¿y a usted?
   – A mí también.
   6 A Laura le horroriza levantarse temprano por la mañana; ¿y a ti?
   – A mí también.

5A
- Las películas románticas no me gustan nada; me parecen horribles.
- Pasear por las montañas me gusta muchísimo; me parece relajante.
- El arte moderno no me gusta mucho; me parece incomprensible.
- Internet me gusta bastante; me parece útil.
- Viajar en avión no me gusta; me parece peligroso.

Note: other variations are possible.

D De viaje

1C sí; con amigos; en avión; países exóticos; la ciudad; hoteles; otras culturas; otoño; no.

3B el autocar (f), el autobús (i), el avión (g), el barco (h), la bicicleta (k), el camión (a), el coche (b), el globo (l), el helicóptero (c), la motocicleta (j), el metro (d), el camión cisterna (m), el tren (e)

3D Transporte terrestre: el autocar, el autobús, la bicicleta, el camión, el coche, la motocicleta, el metro, el camión cisterna, el tren.
Transporte marítimo: el barco.
Transporte aéreo: el avión, el globo, el helicóptero.

4A **1** c **2** d **3** a **4** b

4B **1** falso
2 verdadero
3 verdadero
4 verdadero
5 falso

5A **1** ¿Han estado …? (e)
2 ¿Han visitado (ustedes) …? (f)
3 ¿Has hecho …? (d)
4 ¿Has fumado …? (g)
5 ¿Ha probado (usted) …? (b)
6 ¿Has escrito …? (c)
7 ¿Has corrido…? (a)
8 ¿Habéis ido …? (h)

Consolidation
A **1** las terminales
2 las estaciones
3 las carreteras, las autovías y las autopistas
4 los puertos

Acércate al mundo del español

B **1** verdadero
2 falso
3 falso
4 verdadero
5 falso

6 falso
7 verdadero
8 falso
9 verdadero

Unidad 7

A ¿Qué hiciste?

1A **First conjugation:**
acostarse, cenar, encontrarse, hablar, regresar, levantarse, empezar, tomar, trabajar.
Second conjugation: comer.
Third Conjugation: asistir, decidir.

1B and 1C
me levanté (levantarse); tomé (tomar); trabajé (trabajar); comí (comer); regresé (regresar); asistí (asistir); empecé (empezar); decidí (decidir); me encontré (encontrarse); hablamos (hablar); regresé (regresar); cené (cenar); me acosté (acostarse).

1E **1** Empezó a escribir unos documentos.
2 No, comió con su amiga Luisa.
3 Tomó un taxi para llegar al trabajo a tiempo.
4 Después de las ocho de la tarde se encontró con Paco a la salida del gimnasio.
5 Cenó en casa.

1F Ayer Inés se levantó tarde, por eso tomó un taxi para llegar al trabajo a tiempo. Trabajó toda la mañana y a la hora de comer, comió con su amiga Luisa. Después de comer regresó a la oficina, asistió a una reunión, empezó a escribir unos documentos y a las ocho de la tarde decidió ir al gimnasio. A la salida del gimnasio se encontró con Paco, hablaron un rato y después regresó a casa, cenó y a las once de la noche se acostó.

2D

	Gabriel	Lola	Roberto
1	A las siete	Sobre las diez y media	A las nueve y media
2	En casa	En casa	En una cafetería
3	Atendió a muchos pacientes	Compró comida	Leyó el periódico en el parque
4	Comió en la cantina del hospital	Comió en casa de sus padres	En un restaurante
5	Con sus colegas	Con sus padres	Con su mujer
6	Trabajó	Asistió a clase	Estudió informática un rato
7	Regresó a casa	Llamó por teléfono a su amigo Carlos	Tomó algo con sus amigos
8	Se acostó a las diez y media	Se acostó a las dos y media de la madrugada	Se acostó a las doce de la noche
9	Es médico	Es estudiante	Está jubilado

3B

	Infinitive	Preterite -ar	-er	-ir
yo	llegar /comer/partir	llegué	comí	partí
tú	estudiar//beber/vivir	estudiaste	bebiste	viviste
usted/él/ella	hablar/leer/vestirse	habló	leyó	se vistió
nosotros(as)	jugar/entender/recibir	jugamos	entendimos	recibimos
vosotros(as)	comprar/vender/salir	comprasteis	vendisteis	salisteis
ustedes/ellos/ellas	cerrar/aprender/divertirse	cerraron	aprendieron	se divirtieron

3C Question   Answer
1. os divertisteis / Nos divertimos os aburristeis
2. durmió   Durmió bien
3. pediste / regaló   se lo pedí
4. repitió / entregó   Lo repitió
5. se vistió   Se vistió de rojo
6. seguisteis / seguimos os dormisteis   despiertos

Consolidation

A 1 llegasteis / llegué / llegó
2 pagaste / pagué 3 entregó / entregué 4 metimos
5 estudiasteis

B ¿Qué tal las vacaciones?

1A 1 Fuimos (ir); vimos (ver); estuvimos (estar); regresamos (regresar)
2 *ir*, *ver* and *estar* are irregular.

1B Ayer Francisco y Susana fueron a cenar a un restaurante mexicano. Después de cenar, fueron al cine. Vieron una película muy divertida. Al terminar la película, fueron a tomar unas copas, estuvieron un rato en un bar de unos amigos y sobre las doce de la noche, regresaron a casa.

1C 1 fuimos; 2 estuvo; 3 vimos
4 hizo; 5 fue; 6 hicimos;
7 estuvo; 8 vio; 9 pudo;
10 quise / pude

1D

	¿Dónde?	¿Cuándo?	Duración	Alojamiento	Actividades
Flora	Caracas, en Venezuela	El verano pasado	10 días	En casa de sus tíos	Museo, excursiones, estancia con la familia
Ernesto	Galicia, en España	En julio del verano pasado	3 semanas	En casa de unos amigos y hoteles	Playa, visitas, excursiones, salidas por la noche
Carlos	En la montaña	En agosto del verano pasado	1 mes	En casa de sus abuelos	Paseos, leer, nadar en la piscina

1E Ernesto y Carlos

2C
1. El sábado pasado María celebró el cumpleaños de su marido.
2. La fiesta comenzó a las siete de la tarde.
3. El marido de María recibió muchos regalos.
4. Los invitados (se) bebieron toda la cerveza.
5. El padre de María se aburrió en la fiesta.
6. Yo bailé todo el tiempo.
7. Pablo perdió las llaves del coche.
8. Pedro y yo llevamos a Pablo a su casa a las dos de la madrugada.
9. María limpió la casa por la noche antes de acostarse.
10. El domingo Marí durmió todo el día.

3B
1. ¿Adónde **fue** el verano pasado?
2. ¿Con quién **pasó** las vacaciones?
3. ¿Cuándo **fue** de vacaciones?
4. ¿Cuánto tiempo **estuvo** de vacaciones?
5. ¿En dónde **estuvo**?
6. ¿Cómo **fue**?
7. ¿Qué **hizo**?
8. ¿Cómo lo **pasó**?
9. ¿Cómo **fueron** sus vacaciones?

3D
1. Falso. Acaba de llegar de Costa Rica.
2. Verdadero.
3. Falso. Viajó sola.
4. Verdadero.
5. Falso. Va a telefonear a Emilia la semana que viene.

4A
1. hoy + present perfect
   ayer + preterite
2. (a) present perfect (hoy me he levantado) (b) preterite (ayer me levanté)

4B
1. compré
2. habéis jugado / jugamos
3. gasté
4. encontré
5. has pasado

4C
1. el mes pasado / comí
2. el verano pasado / trabajamos
3. ayer / hablé
4. Viajasteis / el invierno pasado
5. La semana pasada / practicaron
6. Usted leyó / la semana pasada
7. El mes pasado no ganaste
8. Las vacaciones pasadas / durmieron

4D 1 ¡Qué suerte! What luck!/ Lucky you!
2 ¡Cuánto tiempo sin verte! I haven't seen you for ages!
3 ¡Vaya! Good Heavens!/ You don't say!
4 Lo siento, es que… I'm sorry, but …
5 No importa. It doesn't matter.

5A 1 había dejado; 2 habíamos llegado; 3 nos habíamos ido; 4 había aterrizado; 5 había comprado.

C La vida de uno

1A 1 e 2 g 3 h 4 f 5 d 6 a 7 b 8 c

1B A man. (Masculine form of 'casado'.)

1D 1 a 2 b 3 a 4 b 5 a

2B 1 Mike empezó a aprender español hace x meses (años)/ Hace x meses (años) que Mike empezó a aprender español.
2 Compramos una casa en la playa hace x años./ Hace x años que compramos una casa en la playa.
3 Patricia y Miguel se divorciaron hace x años. /Hace x años que Patricia y Miguel se divorciaron.
4 Mi primer nieto nació hace x años. / Hace x años que nació mi primer nieto.
5 Mi marido cambió de trabajo hace x años/meses. / Hace x años/meses que mi marido cambió de trabajo.

2C 1 Carmen representó esta obra de teatro desde 2000 hasta 2004/ de 2000 a 2004.
2 Mis padres vivieron en Cuba desde 1976 hasta 1978/ de 1976 a 1978.
3 El señor Román fue director de esta compañía desde 1980 hasta 1995/ de 1980 a 1995.
4 Estudié chino desde 1990 hasta 2000/ de 1990 a 2000.
5 Los señores del primer piso vivieron en los Estados Unidos desde 1996 hasta 2005/ de 1996 a 2005.

2D 1 Su marido y ella se conocieron en 1991 y al cabo de dos años/ dos años después se casaron.
2 Comenzó a escribir su

segunda novela el 6 de enero de 2004 y al cabo de diecisiete meses/ diecisiete meses después la terminó.
- **3** En 1997 se fueron a vivir a Santiago de Chile y al cabo de siete años/ siete años después regresaron a Buenos Aires.
- **4** Su tío Francisco se casó con su tercera mujer en marzo de 2002 y al cabo de seis meses / seis meses después se divorció.
- **5** El partido de tenis empezó a las cuatro y al cabo de una hora/ una hora después terminó.

2E
- **1** Cuando fui a España, aprendí español./ Aprendí español cuando fui a España.
- **2** Cuando Pablo terminó sus estudios, viajó por el mundo./ Pablo viajó por el mundo cuando terminó sus estudios.
- **3** Cuando recibisteis el correo electrónico, mandasteis el material, ¿verdad? / Mandasteis el material cuando recibisteis el correo electrónico, ¿verdad?
- **4** Abrimos una cuenta en el banco cuando llegamos a Nueva York. / Cuando llegamos a Nueva York, abrimos una cuenta en el banco.
- **5** Carlota compró un piso cuando empezó a trabajar. / Cuando empezó a trabajar, Carlota compró un piso.

2F
- **1** Hasta el año 1984
- **2** De 1976 a 1984
- **3** En 1984
- **4** (El año pasado)
- **5** (Hace cuatro años)
- **6** Hace cuatro años / Hace cuatro años que se casó
- **7** Hace tres años
- **8** X años
- **9** Desde 1984
- **10** Tiene X años

3A **1** nació **2** empezó **3** permaneció **4** se casó **5** tuvo **6** pintó **7** estuvieron **8** se trasladó **9** obtuvo **10** inició **11** conoció **12** pasó **13** viajó **14** estudió **15** pintó **16** regresó **17** recibió **18** pintó **19** desarrolló **20** restó **21** regresó **22** triunfó **23** volvió **24** pintó **25** murió

3B En 1599; A los 11 años; hasta 1617; al año siguiente; con 19

años; entre 1617 y 1623; en esa época; en 1623; a partir de ese momento; en esos años; una temporada; en 1629; en 1631; durante la década de 1630; en 1649; al cabo de dos años; en los últimos años; el 6 de agosto de 1660; a la edad de 61 años.

3C Nombre: Diego
Apellidos: Rodríguez de Silva y Velázquez
Profesión: pintor
Nacionalidad: española
Fecha de nacimiento: 1599
Lugar de nacimiento: Sevilla
Año de entrada en el taller de Francisco Pacheco: 1610
Año de su boda: 1618
Nombre de su mujer: Juana Pacheco
Nº de hijos: dos
Fecha de traslado a Madrid: 1623
Cargo ejercido: Pintor del Rey Felipe IV
Viajes a Italia: dos, en 1629 y 1649
Obras relevantes: *La fragua de Vulcano, La dama del abanico, La venus del espejo, El Cristo crucificado, Las hilanderas* y *Las meninas*
Fecha de su muerte: 6 de agosto de 1660

4A **1** *Present tense*: desembarca; se enfrenta; comienza; ocupan; sustituyen; recibe; permanecen; obtiene

4B desembarcó; se enfrentó; comenzó; ocuparon; sustituyeron; recibió; permanecieron; obtuvo

4C **1** Falso. Llegan en el siglo ocho.
2 Falso. Nunca se rinde.
3 Verdadero.
4 Falso. Tardan sólo siete años.
5 Verdadero.

4D **1** La Guerra Civil Española comienza el 18 de julio de 1936 y termina el 1º de abril de 1939.
2 Gabriela Mistral, escritora chilena, gana el Premio Nobel de Literatura en 1945.
3 Hernán Cortés llega a México en 1519.
4 Santiago Ramón y Cajal, científico español, obtiene el Premio Nobel de Medicina en 1906.
5 Picasso pinta el Guernica en 1937.

6 La Revolución Cubana tiene lugar en 1959.

5A 1 No
2 Present
3 Past

5B 1 Bien, pero por poco me caigo en la calle.
2 Sí, pero por poco no lo termino.
3 Bien, pero por poco no llego al aeropuerto.
4 Sí, pero por poco me rompo el brazo el lunes pasado.

Consolidation

A El escritor y periodista Gabriel García Márquez nació en 1928 en Aracataca en Colombia. Estudió derecho y periodismo en la Universidad Nacional de Colombia. En 1955, a los veintisiete años, publicó su primera obra: *La hojarasca*. Al cabo de doce años publicó su obra más relevante: *Cien años de soledad*. En 1965 recibió el Premio Nacional (Colombia), en 1972 el Premio Internacional Rómulo Gallegos y diez años más tarde el Premio Nobel de Literatura.

Note: other variations are possible.

B 1 Hace x años.
2 A los cincuenta y cuatro años.
3 Al cabo de doce años.

D Recuerdos del pasado

1A 1 Tenía trabajo; llovía; hacía frío; estaba cansadísima
2 No pudo venir; estuvimos en casa; no viniste a clase

1B 1 Mis tías iban al médico todos los martes a las once menos cuarto de la mañana.
2 Las clases eran muy frías y pequeñas.
3 Tus abuelos cenaban siempre tortilla de patatas.
4 Las azafatas siempre pedían los pasaportes a los pasajeros cuando éstos entraban en los aviones.
5 Ellas siempre hacían ejercicio a las ocho y cuarto de la mañana.
6 Mis hijos escuchaban música mientras estudiaban.
7 Los profesores me decían que tenía que estudiar más.
8 Estos restaurantes cerraban el lunes / los lunes por la noche.

9 Los programas de radio de las diez menos diez de la noche eran interesantes.

10 Vosotros erais unos chicos alegres y despreocupados.

Note: other answers are possible.

1C 1 iba
  2 nevaba
  3 veía
  4 viajaban
  5 pasaba
  6 esquiábamos

2B meridional (Southern)
la llegada (the arrival)
el desarrollo (the development)
un culto obligatorio (obligatory cult)
descender (to go down)
la artesanía (craftsmanship)
cultivar (to cultivate)
el maíz (the corn)
el algodón (the cotton)
el calendario (the calendar)

1E

	antes	ahora
vivir en…	vivíamos en Londres	vivimos en un pueblo en el norte de España
tener un…	teníamos un restaurante	
trabajar…	trabajábamos mucho	
ir de…	íbamos de viaje con los niños	
gustar…	nos gustaba mucho ir de camping	
nuestros hijos ir a…	iban a un colegio cerca de casa	
llevar a…	yo los llevaba todas las mañanas	
en Navidades…	siempre volvíamos a España	
mis hijos…	pasaban el verano en España	
vivir en…		vivimos en un pueblo
tener un…		tenemos un restaurante más pequeño
tener más…		tenemos más tiempo libre

2C

Imperfect:	**preterite:**
formaban (formar)	alcanzó (alcanzar)
extendía (extenderse)	interrumpió (interrumpir)
era (ser)	
creían (creer)	
tenían (tener)	
descendían (descender)	
estaban (estar)	
cultivaban (cultivar)	
criaban (criar)	
conocían (conocer)	
usaban (usar)	

2D 1 Se extendía desde el río Ancasmayo en Colombia hasta el río Maula en Chile, a lo largo de 4.000 kilómetros.
  2 El emperador, el Inca.
  3 Adoraban al dios del Sol.
  4 Criaban llamas, vicuñas y alpacas.
  5 Nada ya que no conocían la escritura.

3A 1 salía **2** iba **3** regresaba **4** terminé **5** me marché **6** llegué **7** me encontré **8** hablamos **9** invité **10** nos hicimos

3B 1 era **2** llovía **3** se veía **4** salió **5** se dirigió **6** estaba **7** había **8** llamó **9** apareció **10** era **11** tenía **12** podía **13** tenía

Consolidation
B 1 c; **2** e; **3** d; **4** f; **5** b; **6** a.

Acércate al mundo del español

B
Cronología
1907 Nace en Coyoacán (Ciudad de México)
1915 Tiene poliomielitis
1925 Sufre un terrible accidente de autobús. Encamada varios meses. Empieza a retratarse a sí misma
1928 Conoce al pintor mexicano Diego Rivera
1929 Boda con Diego Rivera
1935 Separación de Diego Rivera y viaje a España
1937 Relación amorosa con el revolucionario y político ruso León Troski

1938 Primera exposición en Nueva York
1939 Exposición en París. Conoce a Picasso, Miró y Kandinski. Diego y Frida se divorcian. Su salud empeora. Diego se mantiene a su lado
1940 Diego y Frida se casan de nuevo
1940–1954 Frida sigue pintando hasta su muerte en 1954

Note: other variations are possible.

Unidad 8

A ¡Baila conmigo!

1A Dialogue 1 – familiar (tú)
Dialogue 2 – polite (usted)

1B **1** cierra **2** cierre **3** comed
4 coman **5** acuéstese
6 lávense **7** termina **8** escribid

1D **1** Sí, tómala. / No, no la tomes.
2 Sí, límpialo. / No, no lo limpies.
3 Sí, compradlo. / No, no lo compréis.
4 Sí, escuchadla. / No, no la escuchéis.
5 Sí, fuma. / No, no fumes.
6 Sí, preparadla. / No, no la preparéis.

1E **1** ¡No me espere!
2 ¡No hable ahora!
3 ¡No se lo dé!
4 ¡No se siente!
5 ¡No tome este tren!

1C

	tú	usted	vosotros	ustedes
1	no comas	no coma	no comáis	no coman
2	no escribas	no escriba	no escribáis	no escriban
3	no vendas	no venda	no vendáis	no vendan
4	no compres	no compre	no compréis	no compren
5	no repartas	no reparta	no repartáis	no repartan
6	no limpies	no limpie	no limpiéis	no limpien
7	no te arregles	no se arregle	no os arregléis	no se arreglen
8	no te mires	no se mire	no os miréis	no se miren
9	no subas	no suba	no subáis	no suban

1D 1 tómala / la tomes;
2 límpialo / lo limpies;
3 compradlo / lo compréis;
4 escuchadla / la escuchéis;
5 fuma / fumes; 6 preparadla / la preparéis.

1E 1 ¡No espere por mí! / ¡No me espere!; 2 ¡No hable ahora, por favor!; 3 No se lo dé (a ellos); 4 ¡No se siente!; 5 No coja/tome este tren; coja / tome el siguiente.

2A 1 de 2 en 3 en 4 de 5 de/ desde …a/ hasta 6 de 7 a …a 8 a …en 9 en/ sobre 10 por 11 para 12 en 13 a … de 14 por …a 15 en 16 a

2C 1 Ven conmigo.
2 No baile con ella.
3 ¿Lo hago contigo?
4 No hables contigo mismo.
5 Según tú, todo estaba bien, ¿verdad?
6 Con usted, no puedo hablar.
7 Entre tú y yo vamos a solucionar el problema.
8 ¿No fuiste con él?
9 Antes él siempre viajaba conmigo, ahora viaja solo.
10 No me gusta trabajar contigo.

3A 1 sin 2 de 3 de 4 de 5 en 6 de 7 de + el = del 8 de 9 de 10 de 11 en 12 en 13 a 14 en 15 de 16 después de 17 en 18 entre 19 a 20 de 21 de + el = del

3B 1 el cantaor
2 el guitarrista
3 el bailaor
4 el caló
5 la herrería
6 el palo

3C **Perfil del pueblo gitano en España:**
1 el siglo XV
2 la India
3 el caló
4 la herrería
5 Andalucía

El flamenco:
1 Es cante jondo y baile
2 La zona occidental andaluza
3 En algún momento entre el siglo XV y el siglo XVIII
4 Variados: algunos trágicos y dramáticos; otros alegres y vivos
5 Los bailes de fiesta, las sevillanas
6 Tanto acompañamiento del cante o baile como instrumento solista

Consolidation

A **1** de **2** con **3** para / de **4** en **5** en / con **6** por / a de **7** por **8** hasta **9** en **10** desde **11** según **12** acerca del / sobre **13** para / entre **14** en / para **15** de

B ¡Siga por ahí!

1A **1** sigue; **2** tome, camina, vete

1C **1** ¡Bailad!; **2** ¡Duerme!; **3** ¡Mirad!; **4** ¡Haga!; **5** ¡Deja!; **6** ¡Haced!; **7** ¡Pida!; **8** ¡Recojan!

1D

	tú	usted	vosotros	ustedes
1	no salgas	no salga	no salgáis	no salgan
2	no la hagas	no la haga	no la hagáis	no la hagan
3	no la pongas	no la ponga	no la pongáis	no la pongan
4	no lo busques	no lo busque	no lo busquéis	no lo busquen
5	no lo dirijas	no lo dirija	no lo dirijáis	no lo dirijan
6	no elijas	no elija	no elijáis	no elijan
7	no te arregles	no se arregle	no os arregléis	no se arreglen
8	no te mires	no se mire	no os miréis	no se miren
9	no subas	no suba	no subáis	no suban
10	no te acuestes	no se acueste	no os acostéis	no se acuesten

2A **2** aceite a; cebollas c; huevos d; patatas b; sal e; plato g; sartén f; tenedor h

3 a pelar las patatas **b** cortar las patatas y las cebollas **c** batir los huevos **d** echar la sal **e** calentar el aceite

2C Pela, lávalas, Córtalas, Corta, mézclala, Echa, Pon, Echa, Mueve, bate, uses, saca, echa, mézclalo, echa, saca, ponla, sírvela.

2E Pele las patatas y después lávelas. Córtelas finas. Corte la cebolla y mézclela con las patatas. Eche la sal. Ponga el aceite en la sartén a calentar. Eche las patatas a freír. Mueva las patatas de vez en cuando. Bata los huevos bien con un tenedor. No use la batidora eléctrica.

Una vez bien fritas las patatas y la cebolla, saque el aceite. Una vez sacado el aceite, eche la mitad del huevo en la sarten y mézclelo con las patatas. Con un plato, dele la vuelta a la tortilla y eche el resto del huevo. Con el mismo plato, saque la tortilla de la sartén y póngala en un plato. Sírvala caliente o fría.

3C
1. las grasas **no superen** el 30% de las calorías totales ingeridas.
2. las proteínas **supongan** el 15% restante en la dieta.
3. la ingesta de grasas **no supere** el 30%.
4. el aporte de proteínas **provenga** de las aves y pescados y debe ser de 0,8gr/día.
5. el consumo de bebidas alcohólicas **sea** moderado.

3A **1** b **2** a **3** b **4** b **5** b **6** b **7** b **8** b

3B

Alimentos	Componentes de los alimentos
El azúcar refinada	Los nutrientes
Las frutas	Los hidratos de carbono
Los vegetales	Las grasas
Los granos completos de cereales	Las proteínas
Las aves	Los azúcares
Los pescados	Los carbohidratos
Las carnes rojas	Las grasas saturadas
Los alimentos procesados	Las grasas monoinsaturadas
Las comidas preparadas	La fibra vegetal
	La fibra soluble

C ¿Qué pasará?

1A Future tense

1B En diez años, Carlota estudiará en la universidad, vivirá con sus amigas, viajará sola por el mundo, trabajará y tendrá dinero.

2B 1 ganéis/Esperamos que ganéis el partido.
2 pases/Espero que lo pases bien en la fiesta.
3 regrese/Espero regresar pronto.
4 Llegue/Espero que el avión llegue a tiempo.
5 Encuentres/Espero que encuentres trabajo.

2C 1 Deseo que tengas muchos hijos.
2 Quiero que viajes por todo el mundo.
3 Espero que encuentres un buen trabajo.
4 Deseo que vivas en el campo.
5 Quiero que conozcas a gente interesante.
6 Espero que tengas buena salud.

3A 1 e 2 g 3 a 4 f 5 b 6 d 7 c

3C … Tampoco creo que en pocos años nuestra vida cotidiana esté/ vaya a estar dominada por la tecnología. No pienso que las casas del futuro estén/ vayan a estar llenas de cámaras y que todo el trabajo doméstico sea/vaya a ser hecho por robots. No pienso que los niños dejen/ vayan a dejar de ir al colegio y tampoco que se eduquen/ vayan a educarse en casa a través del ordenador. En cuanto al medio ambiente, no creo que haya/ vaya a haber grandes cambios climáticos pero creo que van a desaparecer muchas especies animales.

4A 1 yo no sé cuánto; no sé dónde; Yo tampoco sé
2 espero que…; ojalá; me gustaría

4B 1 No sé **qué haré** dentro de cinco años, pero espero **acabar mis estudios** y **encontrar un trabajo**.
2 No sé **si viviré** en España o en el extranjero, pero me gustaría **vivir en una ciudad pequeña.**

3 No sé **si me casaré,** pero ojalá que mi novio y yo **encontremos un buen trabajo.**
4 No sé **cuándo tendré dinero para comprar una casa**, pero me gustaría **comprar una casa grande y confortable**.
5 No sé **cómo será mi vida**, pero espero **que sea una buena vida.**

D ¡Espero que tengas mucho éxito!

1A 1

	Main	Subordinate
a	<u>hizo</u> la cena – simple past indicative	cuando <u>llegó</u> – simple past indicative
b	<u>hace</u> la cena – present indicative	cuando <u>llega</u> – present subjunctive
c	<u>haré</u> la cena – future indicative	cuando <u>llegue</u> – present subjunctive
d	<u>haz</u> la cena – affirmative imperative	cuando <u>llegues</u> – present subjunctive

2 Past: Cuando llegó a casa, hizo la cena.
Present habitual: Cuando llega a casa, hace la cena.
Future: Cuando llegue a casa, hará la cena/Cuando llegues a casa, haz la cena.

1B

Time expressions which introduce the subordinate clause	Verbs in the Indicative Mood in the *subordinate clause* when the verb of the <u>main clause</u> refers to past or present (habitual) actions	Verbs in the Subjunctive Mood in the *subordinate clause* when the verb of the <u>main clause</u> refers to future actions
Cuando	6 Cuando nieva siempre <u>hay</u>… 10 <u>Vendimos</u>…cuando regresamos… 13 Cuando paseaba…, <u>me encontré</u>…	1 Cuando vayas…, <u>visita</u>… 14 Cuando tenga…, <u>seré</u>…
Tan pronto como	2 <u>Llamamos…</u> tan pronto como llegamos…	3 Tan pronto como acabe…, <u>te llamo</u>
Después de que	4 Después de que os fuisteis, <u>nos acostamos</u>	9 <u>Abriré…</u> después de que mi marido llegue
En cuanto	12 <u>Recogí…</u> en cuanto pude	5 En cuanto pueda, <u>dejaré de…</u>
Hasta que	7 Hasta que no le compré…, <u>no me dejó</u>…	8 Hasta que no le compre…, <u>no me dejará</u>
Antes de que		11 <u>Llegaremos a…</u> antes de que aterrice….

1C
1 fui / vaya / no me olvidaré
2 entregué / llegue / haré
3 Recogeré / te vayas / recogeré / vuelvas
4 revisa / viajar / tuvo / pudo / llegó
5 pagaron / tuve / paguen / compraré

1D 1 llegue 2 recibamos
3 comer 4 cierren 5 aprenda

2A **1 Asking:**
<u>¿para qué me ha llamado</u> Jorge? (present perfect tense; indicative mood)
Expressing purpose:
<u>para que no te olvides</u> (present tense; subjunctive mood)

2B 1 Vengo para ver a mi abuela.
2 Compra un coche a su hija para que ella pueda ir a trabajar.

3 Mando a mis hijos a Italia para que aprendan italiano.
4 Dejo de fumar para tener buena salud.
5 Nos reunimos para resolver el problema.

3A **1** j **2** f **3** i **4** c **5** d **6** b **7** h **8** g **9** e **10** a

Note: other combinations are possible.

4B
Carta de presentación
Debe ser <u>personal y directa</u>
Datos a incluir: <u>los datos de carácter delicado (sueldo, referencias, disponibilidad</u>
Curriculum vitae
Debe ofrecer una información concisa
Debe incluir información sobre la potencialidad del titulado
No debe incluir biografías o listados de actividades sin sentido
Hay que evitar errores ortográficos o de fechas
En la entrevista personal, el entrevistado
Debe informarse sobre la persona que hará la entrevista
Debe explicar los méritos y los logros obtenidos
Debe prestar atención a los gestos y posturas del entrevistador
Debe resaltar sus cualidades personales
Debe cuidar la vestimenta

4C **1** How to acquit oneself well in the job selection process
2 Take trouble over it
3 It should give concise information
4 Once over the first hurdle
5 Wear the sort of outfit which 'conforms with acceptable standards'

4D Read the section **G de Gramática.**

4E **1** que la empresa tiene del titulado
2 que se formularán en la empresa
3 donde se incluirán los datos de carácter *delicado*
4 que puedan distraer la atención sobre el contenido
5 que no dicen mucho
6 que hará la entrevista
7 al que pertenece
8 al que se aspira

5A Emilia is asking for advice about what to wear. The gentleman is seeking advice about his health.

Key to role-play exercises

Role-play 1, 1

A 1 and 4

B
1 pasajero
2 retraso
3 puerta de salida
4 destino
5 última llamada

Role-play 1, 2

A bolsa (bag); bolso (handbag), libros (books), maleta (suitcase), máquina de afeitar (shaver); mochila (rucksack); paraguas (umbrella); ropa (cloths); zapatos (shoes).

B
1 No, he does not have anything to declare
2 A suitcase, a travelling bag a rucksack
3 an electric shaver
4 No, he does not carry an umbrella in his suitcase, he carries cloths and books.

Role-play 2

B Yo, una Coca-Cola. / ¿Qué tienen? / Para mí, calamares. / La cuenta, por favor. / ¿Cuánto es?

C Verify your answer in the role-play transcript on page 81.

Role-play 3

B

Actividad propuesta	Hora	Lugar
Tomar unas copas	a las once y media	el bar que está al lado de la casa de Sofía

C
1 Falso
2 Falso. Lola dice que tiene mucho que hacer.
3 Verdadero
4 Falso. Lola dice que tiene una cita.
5 Verdadero

Role-play 4
A 1b; 2a; 3b; 4a; 5b; 6a; 7a; 8a

Role-play 5
A Una habitación individual
(A single bedroom)
Una habitación doble
(A double bedroom), de dos camas (A double bedroom with two beds); de matrimonio (a double bedroom with a double bed),
para una persona (for one person)
para dos personas (for two people)
para un matrimonio y un niño/dos niños (for a couple and one child/two children)
con ducha y baño (en suite, with a shower and a bath); con ducha (with shower), con cuarto de baño (en suite); sin cuarto de baño (without en suite facilities); para una/dos/tres noches (for one/two/three nights); con desayuno (with breakfast); con desayuno y cena = media pensión (halfboard); con desayuno, comida y cena = pensión completa (full board); las llaves (the keys); el ascensor (the lift).

B doble / dos camas / tres / desayuno / desayuno / 7 a 9.30 / 58 / quinto / a la izquierda

Role-play 6
B **a** The patient's symptoms: fiebre (fever), dolor de garganta y de espalda (throat and back pain), cansancio (tiredness).
 b The doctor's diagnosis: una infección de garganta (throat infection)
 c The doctor's advice: tomar antibióticos durante 5 días (take antibiotics for 5 days), quedarse en la cama dos días (to stay in bed for two days) y si no mejora volver a verle (if the patient doesn't improve, he should come back to see him again).

Role-play 7
A **a** B; **b** B; **c** B; **d** B; **e** B; **f** B; **g** B; **h** N; **i** N; **j** B; **k** B; **l** B; **m** B; **n** N; **o** B; **p** B

B una caja de aspirinas, una caja de tiritas, una botella de agua oxigenada, esparadrapo, algo contra la picadura de mosquitos, gotas para los ojos, un cepillo de dientes, algo para la mala digestión.

Role-play 8

A (Man on the left) El chaquetón es gris oscuro, los pantalones son grises, la camisa es blanca, la corbata es azul y la camisa es blanca.
(Woman) La falda es blanca, el jersey es rojo, las botas son negras.
(Man on the right) El abrigo es verde, los pantalones son marrones, el jersey es amarillo, la bufanda es marrón, el sombrero es marrón y los zapatos son marrones.

Role-play 10

C **carnicería**: pollo; **charcutería**: salchichón; **frutería**: manzanas y papayas; **panadería**: pan; **pescadería**: merluza; **verdulería**: zanahorias.

D botella de aceite de oliva / de dos litros / ciento cincuenta gramos / queso / docena de huevos / ¿Alguna cosa más? / siete euros cincuenta y tres céntimos.

D

	Begoña	Olga
Prenda	falda	chaqueta
Color	roja	negra
Talla	40	44
Precio	70 euros	140 euros
Compra	✓	
No compra		✓

Role-play 9

B María quiere 10 litros de gasolina sin plomo, paga con tarjeta de crédito.
El empleado se ofrece a mirar el nivel de aceite y limpiar el parabrisas.

Role-play 11

B

Elena: Bebida: agua mineral con gas. Primer plato: una sopa de ajo. Segundo plato: carne asada. Postre: fresa con nata.

Laura: Bebida: cerveza fría. Primer plato: nada. Segundo plato: merluza a la romana. Postre: tarta de queso.

Ignacio: Bebida: cerveza fría. Primer plato: calamares. Segundo plato: pollo al ajillo. Postre: nada.

Elena also asks for a bottle of white wine, *una botella de vino blanco*, for the three of them.

C   **1** Usted.
   2 a ¿algo para beber?
      b ¿Qué van a cenar?
      c ¿Todo bien?

Role-play 12
A **1** d; **2** f; **3** e; **4** h; **5** j; **6** b; **7** i; **8** k; **9** g; **10** a; **11** c

B **Cartas:** Destino: Alemania, Cuba e Inglaterra. La de Alemania certificada y urgente y la de Cuba e Inglaterra por correo normal.
Paquete: Destino: Inglaterra. Correo normal.
El cliente paga en total 7 euros 30 céntimos.

Role-play 13
A **1** a; **2** b; **3** a; **4** b; **5** a; **6** a

Role-play 14
B C (Carlota) / M (mecánico)
1 M; **2** C; **3** C; **4** M; **5** C; **6** C; **7** M; **8** C; **9** M

C **1** Two hours; **2** around 120 euros; **3** Next day, last thing in the evening, around eight o'clock.

Role-play 15
C

	En el norte	En el centro	En el resto de la península
Miércoles:	intervalos nubosos o con lloviznas	cielos nubosos por la tarde	cielos despejados
Jueves:	ligera mejoría, ligero aumento de las temperaturas	sol, temperaturas altas	sol, temperaturas altas

Recording transcripts

Preliminary Unit

Pronunciation

1 Vowels

In Spanish there are 5 vowels: **a**, **e**, **i**, **o**, **u**. Their sound is full, clear and short. Each vowel has only one sound. Listen to how the vowels are pronounced and then repeat them.

a ala, asa, ama, Panamá, atar
e ese, mete, de, en, emprender
i ir, sí, difícil, ti, fin
o como, corro, son, moto, poco
u un, su, muro, tú, luna

2 Consonants

In Spanish there are 22 consonants. Listen to how the following consonants are pronounced and then repeat them.
b and **v** have the same sound:
vivir, beber, bueno, vuelo, hombre
c + a, o, u, l, or **r:**
acá, coma, cuco, clase, crema
qu (silent u) **+ e, i:**
queso, que, quiero, química, aquí
k Very few Spanish words begin with **k**; most that do are foreign.
kárate, kilo, kilómetro, kiwi, Kuwait

c + e, i:
cero, cerilla, obedecer, cine, piscina
z + a, o, u:
zapato, zona, zumo, zarzuela
Note: **c** and **z** are pronounced as **s** in parts of southern Spain and Hispano-America: **s**erilla, **s**apato.
g + a, o, u:
gato, rogar, gota, hago, gusto
ch:
chatarra, cachete, chimenea, chorizo, chusma
gu + a:
guapo, agua, guante, guarda
gu + e, i (silent u):
guerra, Águeda, águila, guitarra, Guillermo
gü + e, i a dieresis (two dots) is placed over the *u* to indicate that the *u* is pronounced.
cigüeña, vergüenza, averigüé, argüir, pingüino
h is ALWAYS silent:
hombre, ahora, humano, huevo, ahumado
j + a, e, i, o, u:
jabón, jefe, jinete, jota, justo
g + e, i:
gemela, gitano, gimnasia

ll:
llamar, llorar, lleno, allá, callar
Note: **ll** is pronounced as **y** in parts of southern Spain and Hispano-America: **y**amar, **y**orar.

ñ:
añadir, añejo, señor, niños, España

r, rr:
r at beginning of a word: rama, resto, riesgo, Roma, rumor
r in the middle of a word: arar, eres, arillo, pero, Irene
rr: parra, perro, tarrito, arroyo, arrugar

s:
Sara, sello, silla, asomar, sueño

x between vowels: examen, exacto, boxeo, éxito, existir

x before a consonant:
expresión, excluir, extraer, exquisito, explicar

Unidad 1

A Hola, ¿cómo te llamas?

1C 1 Buenas noches
2 ¡Hola!
3 ¡Hola! Buenas tardes
4 Buenas tardes
5 ¡Hola! Buenos días

3A
Recepcionista: ¡Hola! Buenos días.
Chris: Buenos días.

Recepcionista: ¿Cómo se llama usted?
Chris: Me llamo Chris Anderson. Chris es mi nombre. Anderson es mi apellido.

3C a ¿Cómo te llamas?
b ¿Se llama usted Pablo?
c ¿Cómo se llama?
d ¿Cómo se llama usted?
e ¿Te llamas Pilar?

4D 1 Yo me llamo Pedro.
2 ¿Cómo te llamas?
3 ¿Se llama usted Pablo?
4 Se llama Marta.
5 Mi amigo se llama Vicente.

B Mucho gusto

2C i, ese, a, be, e, ele (Isabel)
jota, u, ele, i, a con acento, ene (Julián)
hache, u, ge, o (Hugo)

2D
Carmen: Hola. ¿Cómo te llamas?
Estudiante 1: Hola. Me llamo Rosa Nuño Huerta.
Carmen: ¿Cómo se escribe tu nombre?
Estudiante 1: Mi nombre se escribe *erre, o, ese, a*.
Carmen: ¿Cómo se escribe tu apellido?
Estudiante 1: Mi primer apellido se escribe *ene*, *u*, *eñe*, *o*.

Mi segundo apellido se escribe *hache, u, e, erre, te, a.*

Consolidation
B
- **a** ¿Cómo están?
- **b** Mira, Luis, éste es Emilio
- **c** Mi nombre se escribe *ce, e, ce, i, ele, i, a.*

C ¿De dónde eres y dónde vives?

4C

Person 1: Hola, buenos días. Me llamo María y mi apellido es Blanco Zas. Soy española. Vivo en Sevilla.

Person 2: Buenos días. Mi nombre es Peter y mi apellido es Smart. Soy de Inglaterra, soy inglés. Vivo en San Francisco.

Person 3: Buenas tardes. Me llamo Irene Iglesias Torres. Vivo en Roma pero soy de Chile; soy chilena.

Consolidation
C

Secretaria: Buenos días. ¿Cómo se llama?
Estudiante: Me llamo James Beaton.
Secretaria: ¿James Beaton?
Estudiante: Sí.
Secretaria: ¿Cómo se escribe su apellido?
Estudiante: Se escribe *be, e, a, te, o, ene.*
Secretaria: *De, a, te, o, eme.*
Estudiante: No. Se escribe *be, e, a, te, o, ene.*
Secretaria: Gracias.
Secretaria: ¿De dónde es?
Estudiante: Soy de Inglaterra. Soy inglés.

D ¿Qué idiomas hablas?

1F

Secretaria: Buenos días. ¿Cómo se llama?
Estudiante: Me llamo Fred Johnson.
Secretaria: ¿Fred Johnson?
Estudiante: Sí.
Secretaria: ¿Cómo se escribe su apellido?
Estudiante: Se escribe *jota, o, hache, ene, ese, o, ene.*
Secretaria: *jota, o, hache, eme, ese, o, ene.*
Estudiante: No. Se escribe *jota, o, hache, ene, ese, o, ene.*
Secretaria: Gracias.
Secretaria: ¿De dónde es?
Estudiante: Soy de Nueva York. Soy estadounidense.
Secretaria: ¿Qué idiomas habla?
Estudiante: Hablo inglés, español e italiano.

2C

cero (0), diecinueve (19), treinta y tres (33), cincuenta y nueve (59), sesenta (60), noventa y cinco (95).

Consolidation A

doce (12), veintisiete (27), cuarenta y cuatro (44), cinco (5), catorce (14), noventa y dos (92), cincuenta (50), diez (10), sesenta (60), setenta y tres (73), dieciocho (18), treinta y nueve (39).

Unidad 2

A La familia

1C
1. El rey Juan Carlos es el **padre** de Felipe y la reina Sofía es su **madre**.
2. Felipe es el **hermano** de Cristina y Elena.
3. Elena, Cristina y Felipe son **hermanos** y son los **hijos** de los reyes.
4. Elena es la **hermana** de Cristina.
5. Felipe de Borbón es el **tío** de los hijos de Elena y Cristina.
6. Los hijos de Elena y Cristina son los **sobrinos** del príncipe Felipe.
7. El rey Juan Carlos es el **abuelo** de los hijos de las infantas Elena y Cristina y la reina Sofía es su **abuela.**
8. Los hijos de Elena y Cristina son los **nietos** de los reyes.
9. La reina Sofía es la **suegra** de los maridos de Elena y Cristina y el rey Juan Carlos es su **suegro**.
10. Los maridos de Elena y Cristina son los **yernos** de los reyes.
11. Los hijos de Elena son **primos** de los hijos de Cristina.
12. Felipe y el marido de Elena son **cuñados.**

1H
1.
   - ¿Cómo se llama?
   - Javier Muñoz Garrido
   - ¿Qué nacionalidad tiene?
   - Cubana.
   - ¿Dónde vive?
   - En Santander.
   - ¿Estado civil?
   - Casado.
   - ¿Tiene hijos?
   - Sí, un hijo y una hija.
2.
   - ¿Cómo se llama?
   - Marina Pacheco Flores.
   - ¿Es española?
   - Sí.
   - ¿Dónde vive?

- Vivo en Alicante.
- ¿Está casada?
- No, estoy soltera.
- ¿Tiene hijos?
- Sí, tengo una hija.

3
- ¿Cómo se llama?
- Jorge Gil Merlo.
- ¿Es español?
- No, soy chileno.
- ¿Dónde vive?
- Vivo en Sevilla.
- ¿Está casado?
- Sí.
- ¿Tiene hijos?
- Sí, tengo cuatro hijos.

B ¡Cumpleaños feliz!

3C 1 El día de Navidad es el veinticinco de diciembre.
2 El día de Fin de Año es el treinta y uno de diciembre.
3 El día de la Constitución española es el seis de diciembre.
4 El día de Todos los Santos es el primero de noviembre.
5 El día de la Independencia de México es el dieciséis de septiembre.
6 El día de los enamorados es el catorce de febrero.
7 El día de San Fermín es el siete de julio.

4C
1 **Alberto**, ¿cuántos años tiene?
Tengo setenta y un años.
¿Cuándo es su cumpleaños?
Mi cumpleaños es el veintisiete de marzo.

2 **Laura**, ¿cuántos años tienes?
Tengo dieciocho años.
¿Cuándo es tu cumpleaños?
Mi cumpleaños es el dos de junio.

3 **Gabriel**, ¿cuántos años tienes?
Tengo cuarenta años
¿Cuándo es tu cumpleaños?
Mi cumpleaños es el primero de octubre.

4 **Manolo**, ¿cuántos años tienes?
Tengo venticinco años.
¿Cuándo es tu cumpleaños?
Mi cumpleaños es el siete de julio.

5 **Remedios**, ¿cuántos años tiene?
Tengo cincuenta y tres años.
¿Cuándo es su cumpleaños?
Mi cumpleaños es el catorce de enero.

6 **Gloria**, ¿cuántos años tienes?
Tengo nueve años.
¿Cuándo es tu cumpleaños?
Mi cumpleaños es el doce de agosto.

Consolidation

C

a Veintisiete de enero
b Primero de abril
c Quince de noviembre
d Veintiuno de marzo
e Siete de febrero
f Trece de mayo

C ¿Cómo es?

3C

1 Mónica es una persona alegre, muy optimista y bastante extrovertida. Es un poco holgazana y egoísta pero es muy simpática.

2 Lionel es muy trabajador y bastante serio. No es nada nervioso pero es un poco impaciente y antipático.

3 Ana es bastante introvertida y un poco pesimista. Es trabajadora pero muy desorganizada. Es bastante interesante.

Consolidation

A Mi abuelo es un hombre **mayor** pero tiene un aspecto joven. Es muy alegre y **optimista** pero a veces es demasiado **impaciente**. Es de estatura **mediana** y fuerte. Tiene el pelo **blanco** y liso. Su cara es **alargada** y proporcionada. Tiene una nariz **pequeña** y una boca bastante grande. Lleva **bigote**, un bigote grande. No lleva gafas porque ve bien. Tiene los ojos **marrones**. Sus ojos reflejan un carácter generoso. Es **activo** y trabajador pero a veces es un poco desorganizado. Su cuerpo es **delgado** y musculoso. Sus manos son bastante **feas** pero son fuertes y tienen unos dedos **largos** y delgados. La verdad es que mi abuelo es muy **simpático** y no es nada aburrido.

D ¿A qué te dedicas?

4C

1 Laura es mexicana, está casada y vive en Cancún. Es programadora y trabaja en una oficina.

2 Óscar es alemán, está soltero, vive en Tokio. Es estudiante universitario.

3 Carlota es italiana, está divorciada, vive en Londres. Es dependienta. Trabaja en una tienda.

4 David es australiano, está casado, vive en Nueva York. Es traductor. Trabajar en una editorial.

5 Soledad es uruguaya, está soltera, vive en Edimburgo. Es profesora. Trabaja en una escuela de idiomas.

6 Leticia es colombiana, está divorciada, vive en Buenos Aires. Es camarera. Trabaja en un bar.

5C

1 Elena
Soy profesora. Mi trabajo es interesante pero duro.

2 Amador
Soy dependiente. Mi trabajo es aburrido pero fácil.

3 Violeta
Soy mecánica. Mi trabajo es divertido pero cansado.

4 Mario
Soy policía. Mi trabajo es interesante pero peligroso.

5 Carlota
Soy arquitecta. Mi trabajo es creativo pero difícil.

6 Javier
Soy taxista. Mi trabajo es monótono pero seguro.

Unidad 3

A Cosas de ciudad

1D
- ¿Dónde vives?
- Vivo en la calle San Andrés.
- ¿En qué número?
- En el 15. Y tú, ¿dónde vives?
- Vivo en la plaza de Pontevedra, número 28.

- ¿Cuál es su dirección?
- Mi dirección es Avenida de Pescadores, número 12.

2B

Conversation 1
- ¿Dígame?
- El teléfono del Instituto de Idiomas.
- Sí, el nueve cuatro tres cincuenta y cuatro, veintitrés, ochenta y dos.
- Gracias.

Conversation 2
- ¿Dígame?
- El teléfono del Ayuntamiento, por favor.
- El noventa y dos, tres cuatro tres, veinte, setenta y seis.
- Gracias.
- De nada.

Conversation 3
- ¿Aló?
- El teléfono del Restaurante 'Sol'.
- Setenta y seis, treinta y nueve, cero dos.
- Gracias, adiós.

Conversation 4
- ¿Dígame?
- El teléfono de la Embajada de España en Londres, por favor.
- Cero cero, cuatro cuatro, cero setenta y uno, siete, dos siete, veinticuatro,

sesenta y dos.
- Gracias.

2C **a** Mi correo electrónico es ce, ge, erre, te, arroba, comerce, punto, es: cgrt@comerce.es
b El correo electrónico de mi trabajo es pe, punto, oliva, arroba, canal, punto, com: p.oliva@canal.com
c La dirección de web de mi empresa es hache, te, te, pe, dos puntos, barra, barra, uve doble, uve doble, uve doble, punto, planeta, punto, es: http://www.planeta.es
d La dirección de web de mi universidad es: hache, te, te, pe, dos puntos, barra, barra, uve doble, uve doble, uve doble, punto, terra, punto, peru: http://www.terra.peru

2D **c:** jota, punto, gema, treinta y tres, arroba, interna, punto, com: j.gema33@interna.com
f: hache, te, te, pe, dos puntos, barra, barra, uve doble, uve doble, uve doble, punto, vidasole, punto, u, erre, ese: http://www.vidasole.urs

b: ge, punto, goma, treinta y tres, arroba, inter, punto, ce, o, punto, u, ka: g.goma33@inter.co.uk

3A
1
Mónica: Oye, perdona ¿la calle Real, por favor?
Chico: Sí, mira, la primera calle a la izquierda.
Mónica: Gracias.
2
Mónica: Oiga, perdone, el restaurante Castaño está por aquí, ¿verdad?
Señor: Sí, mire, la segunda a la derecha.
Mónica: Gracias.
Señor: De nada.
3
Mónica: Perdona, por favor, ¿hay un banco por aquí?
Chico: Sí, hay uno al final de esta calle, a la derecha.
Mónica: Gracias.

4
Mónica: Perdone, ¿hay una farmacia por aquí?
Señor: Sí, mire, en la calle Sol.
Mónica: Y ¿dónde está la calle Sol?

Señor: Todo recto, la tercera calle a la izquierda.
Mónica: Muchas gracias.

B Mi casa

1C
Mi familia y yo vivimos en un piso. Nuestro piso está cerca del centro. Tiene tres dormitorios, dos cuartos de baño, un salón y una cocina grande y moderna. También tiene ascensor pero no tiene garaje. Es un piso nuevo, grande y bonito. Mide ciento veinte (120) metros cuadrados.

1F
Señor 1: Yo voy al tercer piso. Y usted, señora, ¿a qué piso va?
Señora: Yo voy al sexto.
Señor 1: ¿Y usted, señor?
Señor 2: Yo al décimo.

C La ciudad y el pueblo

3B
Yo prefiero vivir en una ciudad porque la ciudad es más divertida que el campo. En la ciudad hay más cosas que en un pueblo. Hay más bares, más discotecas, más cines. En la ciudad hay más oportunidades de trabajo que en un pueblo. Sin embargo, el problema de la ciudad es que hay mucho tráfico, mucha gente y mucho ruido. Además, vivir en una ciudad es más caro que vivir en un pueblo. Pero yo prefiero vivir en una ciudad.

5C 525 quinientos veinticinco;
931 novecientos treinta y uno;
102 ciento dos;
875 ochocientos setenta y cinco;
427 cuatrocientos veintisiete.

Consolidation

A
Enrique: Elisa, ¿qué prefieres: el pueblo o la ciudad?
Elisa: Prefiero la ciudad porque es más estimulante. El pueblo es menos estresante pero es más aburrido que la ciudad ¿Y tú?
Enrique: Yo no, yo prefiero el pueblo a la ciudad porque el pueblo es más sano, más tranquilo y más barato que la ciudad. La ciudad es sucia. Y tú, Elisa, ¿qué prefieres: ir a pie o en metro?
Elisa: Prefiero ir en metro, el metro es menos cansado que ir a pie. Y tú, Enrique, ¿qué prefieres: el coche o la bicicleta?
Enrique: Prefiero la bicicleta al coche porque la bicicleta es más relajante y ecológica. El coche es estresante.

D En la ciudad

1B
a 1.598 Mil quinientos noventa y ocho
b 14.800 Catorce mil ochocientos
c 77.087 Setenta y siete mil ochenta y siete
d 100.013 Cien mil trece
e 100.113 Cien mil ciento trece
f 500.000 Quinientos mil
g 907.634 Novecientos siete mil seiscientos treinta y cuatro
h 9.612.000 Nueve millones seiscientos doce mil.

3D
Lionel: Yo vivo en Córdoba, una ciudad argentina, situada en el centro-norte del país, a 713 km de la capital, Buenos Aires. Córdoba tiene aproximadamente un millón trescientos cincuenta mil (1.350.000) habitantes, llamados cordobeses. Córdoba es la segunda ciudad más poblada de argentina. Es una ciudad industrial y comercial. Tiene importantes monumentos históricos entre los que destaca su catedral.
Carmela: Yo vivo en Madrid, la capital de España. Madrid está en el centro de la Península Ibérica. Madrid tiene tres millones dieciséis mil setecientos ochenta y ocho (3.016.788) habitantes. Es una ciudad histórica pero también es dinámica y moderna. Tiene museos famosos en el mundo entero como, por ejemplo, el Museo del Prado.

Unidad 4

A ¿Qué hora es?
1B 2:30 Las dos y media, 7:40 Las ocho menos veinte, 11:15 Las once y cuarto, 3:00 Las tres en punto, 5:50 Las seis menos diez

Consolidation
A El domingo de los señores Costa
El domingo es un día tranquilo. Normalmente nos despertamos tarde, sobre las diez y media. Por la mañana vamos al parque a caminar un poco y después vamos a un bar a tomar algo. Por la tarde nos quedamos en casa, vemos la televisión o dormimos la siesta. A veces, nuestros amigos vienen a casa. Por la noche nos acostamos temprano.

B Los horarios
1B

Las comidas

Los españoles desayunan entre las siete y media y ocho y media de la mañana. El desayuno no es abundante; muchos toman sólo un café o un vaso de leche, algunos toman además cereales o tostadas con mantequilla y mermelada. A media mañana, sobre las once, toman otro café o alguna bebida y luego hacia la una, antes de comer, toman el aperitivo que consiste en alguna tapa y una copa de vino, una cerveza o un refresco. Al mediodía, entre las dos y tres de la tarde es cuando toman la comida principal. Muchos españoles comen en casa. La comida es abundante y suelen tomar dos platos. El primer plato consiste en una sopa, ensalada o arroz y el segundo plato suele ser un plato a base de carne o pescado. También toman postre: fruta o algo dulce y por último, café. La comida se acompaña con vino o agua. Por la tarde, los niños, después del colegio, entre las cinco y media y seis de la tarde, meriendan un bocadillo y los adultos toman un café con algo dulce. Muchos españoles, después de trabajar, a partir de las ocho de la tarde van a un bar con los amigos y toman una bebida y alguna tapa. Por la noche, entre las nueve y las diez y media, cenan. La cena: sopa, huevos, tortilla, ensalada, queso, fruta … es más ligera que la comida.

3C 1 Señoras y señores pasajeros, el autobús con destino Orense de las 19.30 (diecinueve treinta) está situado en el andén número tres.
    2 Se anuncia la salida del autobús de las 20h (veinte horas) con destino Pontevedra y Vigo del andén número diez.
    3 Señoras y señores pasajeros, el autobús de las 14h (catorce horas) con destino Bilbao, San Sebastián e Irún retrasa su salida hasta las 15:25 (quince horas veinticinco minuto) debido a problemas técnicos.
    4 Se anuncia la salida del autobús de las 11:15 (once quince) con destino Madrid. El autobús está situado en el andén número siete.
    5 Se anuncia la salida del autobús con destino Aeropuerto de Lavacolla de

las 19:45 (diecinueve cuarenta y cinco) del andén número 17 (diecisiete).

C La rutina diaria
1B
Yo siempre me despierto a las siete y media de la mañana pero me levanto a las ocho menos cuarto; a continuación me ducho y a las ocho y diez desayuno un café. Salgo de casa a las ocho y veinte. Llego a la oficina a las nueve en punto. A veces, a las once y cuarto, tomo un café en el bar con los colegas. A la una y media salgo de la oficina y casi siempre vuelvo a casa a comer. Normalmente como a las dos y media. Por la tarde empiezo a trabajar a las cuatro y veinticinco. Termino de trabajar a las ocho de la tarde; a menudo tomo algo con mis amigos en un bar. Después regreso a casa a las diez, ceno, nunca veo la televisión y siempre me acuesto a las doce de la noche.

D Las tareas domésticas
1B
Yo siempre hago la cama, limpio el polvo todos los días y limpio el cuarto de baño frecuentemente. Casi nunca pongo la lavadora y nunca cuelgo la ropa. Friego los platos a menudo. Paso el aspirador alguna vez, plancho una vez a la semana y casi siempre cocino.

3C
- ***Sofía,*** ¿vienes a tomar un café?
- No, no puedo, estoy estudiando.

- Dígame.
- ¿***Carlos,*** por favor?
- Lo siento pero no puede ponerse, en estos momentos está duchándose.
- Vale, gracias.

- ¡***Juan***! ¿Qué estás haciendo?
- Estoy viendo la televisión.
- Dígame.
- ¿***La profesora Jiménez*** por favor?
- Lo siento pero en estos momentos está dando clase.

- ***Corina*** ¿vienes al cine?
- No, no puedo, en estos momentos estoy preparando la cena.

Consolidation
Paco is very pleased with himself because he has spent most of the day cleaning the house. Marta arrives home in the evening and Paco is dying to tell her about what he has done.
Paco: ¡Marta! ¿Eres tú?
Marta: Sí, claro, quién voy a ser.

Paco: ¿Qué tal el día?
Marta: Regular. Ha sido un día normal.
Paco: Pues yo he estado ocupadísimo, he hecho un montón de cosas.
Marta: ¡No me digas!
Paco: Sí, sí, mira, mira. ¿No notas nada?
Marta: Pues no.
Paco: Mira bien. He arreglado el salón. He limpiado el polvo, no he pasado el aspirador pero lo voy a hacer ahora.
Marta: ¡Qué bien!

Paco: Entra, entra en la cocina. Como ves he fregado los platos.
Marta: Y el cuarto de baño qué.
Paco: No lo he limpiado pero he hecho la cama y he arreglado el dormitorio.

Unidad 5

1B

Pepe: Es de nylon y de color rosa. Sirve para protegerse de la lluvia.
Lola: Es redondo, de cerámica. Es gris. Sirve para comer.
Manolo: Es cuadrado y de cristal. Sirve para mirarse.
Marisa: Es rosa y de tela. Sirve para protegerse del sol.

C Permisos y préstamos

2C

Dialogue 1: ¿Me dejas tu cámara?
No, lo siento, es que no funciona.
Dialogue 2: ¿Me das un vaso de agua?
Sí, toma.
Dialogue 3: ¿Me prestas tu ordenador?
No, lo siento, es que lo necesito.
Dialogue 4: ¿Me dejas tus notas de clase?
Sí, toma.
Dialogue 5: ¿Me das tu correo electrónico?
Sí, charor, arroba, hotmail, punto, com: (charor@hotmail.com).

Unidad 6

A El tiempo libre

1E

Pablo: Yo voy de paseo al parque todos los fines de semana, hago deporte algunas veces, veo la televisión casi siempre y casi nunca leo. Voy al cine de vez en cuando; algunas veces salgo de copas y a veces voy de compras.
Irene: Yo voy a bailar todos los sábados y a veces los jueves también. Casi nunca voy al cine pero veo la televisión todas las

noches que no salgo. Leo casi siempre antes de acostarme. Hago deporte pocas veces y nunca navego por Internet. Los domingos duermo la siesta.

B El tiempo y el clima
3D
Luis:
Madrid tiene un clima **continental**. Los inviernos son **muy fríos** y los **veranos** muy calurosos. En otoño **llueve** bastante y en invierno **nieva**. La temperatura media anual es de **14°C** (catorce grados centígrados)

Nancy:
La Habana tiene un clima **tropical**. El año tiene dos estaciones, la época **lluviosa** de **mayo** a octubre y la época seca de noviembre a **abril**. El mes más **caluroso** es agosto, con una temperatura media de **27°C** (veintisiete grados centígrados), y el mes más frío es febrero con **21°C** (veintiún grados). En cuanto a las precipitaciones, los meses más **secos** son febrero y marzo con 46 (cuarenta y seis) milímetros y el más húmedo octubre con 173 (ciento setenta y tres) milímetros.

C Gustos e intereses
2A
Isabel: En mi tiempo libre me gusta muchísimo ir al cine: me gusta todo tipo de películas. También me gusta bastante leer; me interesan los libros de historia. Los fines de semana no me gusta mucho quedarme en casa; me encanta salir de copas y me horroriza ver la televisión.

D De viaje
1C
Interviewer: Señora Mascato, ¿usted viaja a menudo? *sí, no, no mucho*.
Sra. Mascato: Sí.
Interviewer: ¿Le gusta viajar sola, con la familia o con amigos?
Sra. Mascato: Con amigos.
Interviewer: ¿Le gusta viajar en coche, en tren, en avión o en barco?
Sra. Mascato: En avión.
Interviewer: ¿Le gusta viajar por países exóticos, países cercanos o por su país?
Sra. Mascato: Humm… Me gusta viajar por países exóticos.
Interviewer: ¿Usted prefiere la playa, la montaña, el campo o la ciudad?

Sra. Mascato: La ciudad.
Interviewer: ¿Prefiere alojarse en hoteles, campings o apartamentos?
Sra. Mascato: En hoteles, en hoteles.
Interviewer: Usted viaja porque le interesa la naturaleza, otras culturas o los museos y monumentos?
Sra. Mascato: Viajo porque me interesan otras culturas.
Interviewer: ¿Le gusta viajar en verano, primavera, otoño o en invierno?
Sra. Mascato: En otoño, hay menos gente.
Interviewer: Por último, Señora Mascato, ¿a usted le gustan los viajes organizados?
Sra. Mascato: No, no me gustan nada.
Interviewer: Muchas gracias señora Mascato.
Sra. Mascato: De nada.

Unidad 7

A ¿Qué hiciste ayer?
2D
Gabriel: Ayer me levanté a las siete de la mañana, desayuné rápido, tomé un taxi y llegué al hospital a las ocho menos cuarto. Atendí a muchos pacientes y no acabé hasta las dos. A las dos comí con mis colegas en la cantina del hospital. Terminé de trabajar a las siete. Después por la noche a las nueve regresé a casa. Me acosté a las diez y media.

Lola: Ayer me levanté tarde, sobre las diez y media. Desayuné en casa y después compré comida en el supermercado. Comí a las dos y media en casa de mis padres y a las cuatro asistí a clase. Terminé la clase a las siete, volví a casa, miré mis correos electrónicos y a las nueve llamé por teléfono a mi amigo Carlos. Me acosté a las dos y media de la madrugada. ¡La vida de estudiante es muy dura! ¿verdad?

Roberto: Ayer, como todos los días desde que estoy jubilado, me levanté a las nueve y media de la mañana, desayuné en una cafetería, y después leí el periódico en el parque. Al mediodía comí con mi mujer en un restaurante, más tarde a las cinco de la tarde estudié informática un rato. A las nueve tomé algo con mis amigos y después regresé a casa, cené y me acosté a las doce de la noche.

B ¿Qué tal las vacaciones?
1D
¿Qué hiciste el verano pasado?
Flora: El verano pasado pasé diez días en Venezuela, fui a Caracas a ver a la familia de mi padre. Estuve en casa de mis tíos. Caracas me gustó bastante. Fui a museos, hice alguna excursión pero sobre todo estuve con la familia.

¿Qué hizo el verano pasado?
Ernesto: El verano pasado, en julio, estuve de vacaciones en España. Pasé tres semanas estupendas en Galicia, una región que está situada en el noroeste de España. Me quedé unos días en casa de unos amigos pero la mayor parte del tiempo estuve en hoteles. Fui a la playa, visité muchos sitios, hice muchas excursiones y salí por la noche mucho. Galicia me encantó.

¿Qué hizo el verano pasado?
Carlos: El verano pasado pasé todo el mes de agosto en casa de mis abuelos. Mis abuelos tienen una casa en un pueblo en la montaña en Asturias. Paseé, leí mucho y nadé en la piscina. Fueron unas vacaciones tranquilas pero lo pasé bien.

4A
Julia: Hola Álvaro ¡Cuánto tiempo sin verte! ¿Cómo estás?
Álvaro: Bien, bien, gracias ¿y tú?
Julia: Bien, todavía un poco dormida, hoy me he levantado a las diez y todavía no me he despertado.
Álvaro: ¡Qué suerte! Yo hoy me he levantado a las siete de la mañana y ayer me levanté a las cinco de la mañana para

terminar un trabajo que tengo que entregar mañana.
Julia: ¡Vaya! Oye, ¿tienes tiempo de tomar un café?
Álvaro: No, lo siento, otro día, es que hoy tengo prisa.
Julia: No importa. Lo tomamos otro día.

C La vida de uno
1D
Marta: Hola, Dolores te presento a mi amigo Elías.
Dolores: Hola Elías, encantada.
Elías: Encantado. Perdonad un momento, vengo ahora.

Marta: Elías es de Montevideo como tú.
Dolores: ¿De verdad?
Marta: Sí, vivió en Montevideo con su familia hasta 1995, de 1978 a 1995. Después, en 1995 se vino a vivir a Madrid, el mismo año que tú.
Dolores: ¿Y qué hace?
Marta: Es periodista. Trabaja en varios periódicos españoles.
Dolores: ¡Es muy guapo!
Marta: Sí, pero tiene novia.
Dolores: ¡Qué pena!
Elías: Oye, Dolores y tú ¿de dónde eres…?

D Recuerdos del pasado
1E

Sr. Reinosa: Pues, nosotros antes vivíamos en Londres pero ahora vivimos en un pueblo en el norte de España. En Londres teníamos un restaurante muy grande. Mi mujer y yo trabajábamos mucho pero a veces nos íbamos de viaje con los niños; nos gustaba mucho ir de camping. Nuestros hijos iban a un colegio cerca de casa, yo los llevaba todas las mañanas. En Navidades siempre volvíamos a España para ver a la familia. A menudo mis hijos pasaban el verano en España. Ahora que mis hijos son mayores, vivimos en un pueblo; tenemos un restaurante más pequeño que el de Londres y mucho más tiempo libre.

Unidad 8

B ¡Qué bueno!
2B and 2D

Presentador del programa: ¡Buenos días! Hoy tenemos con nosotros a María, una experta cocinera que nos va a enseñar cómo hacer una tortilla de patatas. Hola María, cuando quieras.

María: Gracias, Francisco. Buenos días a todos. Para hacer una tortilla de patatas para seis personas necesitamos:

1/2 litro de aceite de oliva
1 kilo de patatas
8 huevos
1 cebolla de tamaño mediano
Sal

La **preparación** es muy fácil:
Pela las patatas y después **lávalas**. **Córtalas** finas.
Corta la cebolla y **mézclala** con las patatas.
Echa la sal.

Pon el aceite en la sartén a calentar.
Echa las patatas a freír.
Mueve las patatas de vez en cuando.
Bate los huevos bien con un tenedor. No **uses** la batidora eléctrica.
Una vez bien fritas las patatas y la cebolla, **saca** el aceite.
Una vez sacado el aceite, **echa** la mitad del huevo en la sartén y **mézclalo** con las patatas. Con un plato, dale la vuelta a la tortilla y **echa** el resto del huevo. Con el mismo plato, **saca** la tortilla de la sartén y **ponla** en un plato.
Sírvela caliente o fría.

C ¿Qué pasará?
4B
Marta: La verdad es que no sé qué haré dentro de cinco años pero espero acabar mis estudios y encontrar un trabajo. No sé si viviré en España o en el extranjero pero me gustaría vivir en una ciudad pequeña. No sé si me casaré pero ojalá que mi novio y yo encontremos un buen trabajo. No sé cuándo tendré dinero para comprar una casa pero me gustaría comprar una casa grande y confortable. La verdad es que no sé cómo será mi vida pero espero que sea una buena vida.

Role-play transcripts

1 En el aeropuerto

1 Información al público

A   **1** 'Atención señores pasajeros, el avión con destino a Mallorca va a salir con una hora de retraso.'
2 'Se ruega a la señora García, pasajera del vuelo IB501 con destino a Santiago de Chile, se presente en la Oficina de Información.'

2 *En la aduana*
B

Funcionario: ¿Tiene usted algo que declarar?
Sr. García: No, no tengo nada.
Funcionario: ¿Cuál es su equipaje, por favor?
Sr. García: Esta maleta, esa bolsa y esa mochila.
Funcionario: ¿Quiere abrir la mochila?…¿Qué es eso?
Sr. García: ¿Eso?… Es una máquina de afeitar.
Funcionario: ¿Es para su uso personal?
Sr. García: Sí, sí claro.
Funcionario: ¿Y qué lleva en la maleta?
Sr. García: Ropa y libros.
Funcionario: Muy bien. Puede cerrar su equipaje.

2 En la cafetería del aeropuerto
A

Camarera: Buenos días. ¿Qué quieren tomar?
Luisa: Yo una Coca-Cola.
Juan: Yo una cerveza fría.
Camarera: ¿Quieren alguna tapa?
Luisa: ¿Qué tienen?
Camarera: Tenemos calamares, ensaladilla, aceitunas, tortilla de patatas y queso.
Luisa: Para mí, calamares.
Juan: Para mí, tortilla y queso.
Camarera: Muy bien.
Altavoz: 'Se anuncia la llegada del avión procedente de México.'
Luisa: El avión ya está aquí. La cuenta, por favor.
Camarera: Sí, ahora mismo.
Luisa: ¿Cuánto es?
Camarera: Son nueve euros con veinte céntimos.
Juan y Luisa: Gracias. Adiós.

3 Concertando una cita

B Dialogue 1

Sofía: Dígame

Luis: Hola, Sofía, soy Luis. ¿Qué tal?

Sofía: Bien, ¿y tú?

Luis: Bien, bien. Oye, ¿quedamos esta noche para tomar unas copas?

Sofía: Hmm, depende. ¿A qué hora?

Luis: A las diez.

Sofía: Lo siento pero a las diez no puedo, es que tengo otra cita. ¿Qué tal si quedamos a las once y media?

Luis: Vale, ¿dónde?

Sofía: En el bar que está al lado de mi casa.

Luis: Muy bien, hasta luego.

C Dialogue 2

Lola: Dígame.

Juan Carlos: Hola, Lola, soy Juan Carlos. ¿Qué tal?

Lola: Bien, ¿y tú?

Juan Carlos: Bien, bien. Oye, ¿qué tal si nos vemos esta noche?

Lola: Es que no puedo, tengo mucho que hacer.

Juan Carlos: ¿Y si quedamos mañana y vamos al cine?

Lola: Lo siento, Juan Carlos, es que mañana tampoco puedo, tengo una cita.

Juan Carlos: ¿Y la semana que viene?

Lola: Vale, ¿cuándo nos vemos?

Juan Carlos: El jueves a las siete.

Lola: Muy bien, ¿dónde?

Juan Carlos: En mi casa.

Lola: De acuerdo. Hasta el jueves.

4 Comprando un billete de autobús / de avión

A

Luisa: ¡Hola, buenas tardes!

Empleado: ¡Buenas tardes!

Luisa: Quería saber que autobuses hay para Madrid por la tarde.

Empleado: Vamos a ver. Para Madrid. Tiene uno a las catorce horas y otro a las veintidós horas.

Luisa: ¿A qué hora llega a Madrid el de las catorce horas?

Empleado: A las veintiuna treinta.

Luisa: Uff, ¡qué tarde llega! Y por la mañana, ¿a qué hora sale el autobús?

Empleado: A las ocho treinta y a las once treinta. El de las ocho

treinta llega a las dieciséis horas y el de las once treinta a las dieciocho treinta.
Luisa: Bueno, vamos a ver. Sí, deme un billete para el de las once treinta para el próximo martes. ¿Cuánto es?
Empleado: ¿Un billete de ida o de ida y vuelta?
Luisa: Sólo de ida.
Empleado: Sólo de ida son veinte euros.
Luisa: Vale.
Empleado: ¿Prefiere ventanilla o pasillo?
Luisa: Ventanilla, por favor.
Empleado: Muy bien. ¿Cómo va a pagar? ¿Con tarjeta o en metálico?
Luisa: Con tarjeta.
Empleado: ¿Me enseña su carné, por favor?
Luisa: Sí, cómo no.
Empleado: Gracias. ¿Me firma aquí, por favor? Pues, aquí tiene su billete.
Luisa: Gracias.
Empleado: A usted. Adiós.
Luisa: Adiós. Buenas tardes.

5 En el hotel

Recepcionista: Buenas tardes.
Cliente: Buenas tardes.
Recepcionista: ¿Qué quería?
Cliente: Una habitación doble, por favor.
Recepcionista: Sí. ¿De dos camas o de matrimonio?
Cliente: De dos camas.
Recepcionista: ¿Para cuántas noches?
Cliente: Para tres noches.
Recepcionista: ¿Con baño y ducha?
Cliente: Sí, por favor.
Recepcionista: ¿Con desayuno o media pensión?
Cliente: Con desayuno.
Recepcionista: Muy bien. El desayuno es de siete (7) a nueve y media (9:30) de la mañana. ¿Podría dejarme su carnet de identidad?
Cliente: Aquí tiene.
Recepcionista: Firme aquí, por favor. Aquí tiene la llave. Su habitación es la número cincuenta y ocho (58), en el quinto piso. El ascensor está a la izquierda.
Cliente: Muchas gracias.

6 En el médico
B
Médico: Buenos días, ¿qué le pasa?
Paciente: No me encuentro bien: tengo fiebre, tengo dolor de

garganta y de espalda y me siento cansada.

Médico: Déjeme ver, abra la boca. Humm…, sí, tiene una infección de garganta, tiene que tomar antibióticos durante 5 días, quédese en la cama dos días y si no mejora vuelva a verme.

Paciente: ¿Cuántas veces al día tengo que tomar los antibióticos?

Médico: Dos veces al día: uno por la mañana después de desayunar y otro por la noche después de cenar. Aquí tiene la receta para los antibióticos.

Paciente: Gracias, doctor.

Médico: De nada, adiós.

7 En la farmacia

Farmacéutica: Buenas tardes, ¿qué desea?

Cliente: Buenas tardes. Quería comprar varias cosas. Me voy de cámping por dos semanas y quiero llevar un botiquín, vamos a ver: quiero una caja de aspirinas y una de tiritas, una botella de agua oxigenada y esparadrapo. También, deme algo contra la picadura de mosquitos y gotas para los ojos. ¡Ah! y un cepillo de dientes.

Farmacéutica: ¿Eso es todo?

Cliente: ¿Cree que me falta algo?

Farmacéutica: Quizá algo para la mala digestión.

Cliente: Muy bien, deme algo. ¿Cuánto le debo?

Farmacéutica: Son 30 euros.

Cliente: ¿Podría darme unos antibióticos para una infección de garganta?

Farmacéutica: No, lo siento, para ello necesita una receta médica.

Cliente: Vale. Gracias. Adiós.

8 En la tienda de ropa

D

Dependienta: Buenas tardes, ¿qué deseaban?

Begoña: Yo quería una falda larga.

Dependienta: ¿De qué color?

Begoña: No sé, ¿qué colores tienen?

Dependienta: Las tenemos en blanco, azul, rojo y verde.

Begoña: ¿Puedo probarme la blanca y la roja?

Dependiente: Sí, cómo no. ¿Qué talla?

Begoña: La 42.

Dependienta: Aquí tiene, los probadores están al fondo, a la derecha.

Olga: Por favor, ¿tiene esta chaqueta en otros colores?

Dependienta: Sí, en negro y marrón, en la talla 44.

Olga: Muy bien, deme la negra. Oye, Begoña, ¿te gusta?
Begoña: Sí, te queda muy bien. ¿Qué te parece esta falda?
Olga: Me gusta pero te queda grande ¿no?
Begoña: Sí, un poco, me voy a probar la roja en la talla 40.
Dependienta: ¿Qué tal, señoras?
Begoña: Mire, ¿cuánto cuesta la falda?
Dependienta: Setenta euros.
Begoña: Muy bien, me la llevo.
Olga: ¿Cuánto cuesta la chaqueta?
Dependienta: Ciento cuarenta euros.
Olga: Es muy cara. Y la verdad es que no la necesito. La dejo.

9 En la gasolinera

B

María: Oiga, ¿tiene gasolina sin plomo?
Empleado: Señora, aquí tenemos de todo: súper, normal, sin plomo, gasóleo…
María: Bueno, pues…
Empleado: ¿Quiere que lo llene?
María: No, sólo diez litros de gasolina sin plomo, por favor.
Empleado: Muy bien. ¿Le miro el nivel de aceite?
María: Sí, por favor. ¿Podría comprobar la presión de las ruedas?
Empleado: Vale, ¿le limpio el parabrisas?
María: Sí, sí, por favor, está sucísimo, ¿verdad?
Empleado: Ahora se lo limpio.
María: ¿Cuánto le debo?
Empleado: Doce euros.
María: ¿Podría pagar con tarjeta de crédito?
Empleado: Sí, señora, sin problema.

10 Comprando comida

Dependienta: Buenos días, ¿qué deseaba?
Cliente: Una botella de aceite de oliva, por favor.
Dependienta: ¿De litro?
Cliente: No, de dos litros.
Dependienta: ¿Algo más?
Cliente: Sí. Ciento cincuenta gramos de chorizo, doscientos de queso y una docena de huevos.
Dependienta: Aquí tiene. ¿Alguna cosa más?
Cliente: No, nada más. ¿Cuánto es?
Dependienta: Son siete euros cincuenta y tres céntimos.

11 En el restaurante

B

Ignacio: Una mesa para tres, por favor.
Camarero: Muy bien.

Camarero: Aquí tienen el menú. ¿Algo para beber?
Laura: Para mí, una cerveza fría.
Ignacio: Para mí también. ¿Y tú, Elena?
Elena: Pues para mí, un agua mineral con gas.

Camarero: ¿Qué van a cenar?
Elena: Yo, de primero una sopa de ajo. ¿Y tú, Laura?
Laura: Yo, nada.
Ignacio: Pues yo, calamares.
Elena: De segundo, carne asada.
Laura: Yo merluza a la romana.
Ignacio: Yo pollo al ajillo.
Camarero: Muy bien.
Laura: Oye, Ignacio, ¿qué vas a hacer esta Semana Santa?
Ignacio: Nada especial, descansar, ¿y tú?
Laura: Yo voy a ir a esquiar.
Elena: Pues yo voy a ir a México quince días.
Camarero: Aquí tienen, una sopa de ajo y calamares. ¿Algo más para beber?
Laura: Sí, una botella de vino blanco.

Camarero: ¿Todo bien? ¿Algo de postre?
Elena: Sí, todo muy rico. ¿Qué tienen?
Camarero: Fruta del tiempo, fresas con nata, helados variados, flan, tarta de queso, quesos.
Laura: El flan y la tarta de queso, ¿son de la casa?
Camarero: Sí, sí claro.
Laura: Pues yo, tarta de queso, ¿y tú, Elena?
Elena: Yo, fresas con nata.
Ignacio: Para mí, nada.

Camarero: ¿Quieren café?
Elena: Sí, tres cafés con leche y la cuenta por favor.

12 En la Oficina de Correos

B

Cliente: Buenos días. Quería sellos para estas cartas.
Empleado: Sí, ¿para dónde son?
Cliente: Ésta es para Alemania y ésta es para Cuba. La de Alemania certificada y urgente, por favor.
Empleado: Aquí tiene los sellos para la de Cuba. Para la de Alemania tiene que rellenar este formulario con sus datos y los del destinatario.

Cliente: *(unos minutos más tarde)* Muy bien, aquí tiene. ¿Cuánto es todo?
Empleado: Son 2 euros 56 céntimos.
Cliente: ¡Ah! También quería mandar este paquete y esta carta a Inglaterra.
Empleado: El paquete, ¿quiere enviarlo certificado?
Cliente: No, no, por correo normal.
Empleado: Muy bien, en total son 7 euros 30 céntimos.

13 En la Oficina de Turismo

A

Recepcionista: Buenos días. ¿En qué puedo ayudarle?
Turista: Mi mujer y yo acabamos de llegar y queríamos reservar una habitación en un hotel para dos noches.
Recepcionista: Un hotel ¿de qué categoría?
Turista: Pues no sé: uno no muy caro, en el centro y con cuarto de baño en la habitación.
Recepcionista: Un momento, por favor. En el centro hay varios de tres estrellas que están bien. El precio de la habitación es de ochenta (80) euros por noche.
Turista: Son un poco caros, ¿no?
Recepcionista: Si la habitación no tiene cuarto de baño es más barato.
Turista: No, no, reserve una habitación con cuarto de baño.
Recepcionista: Muy bien. Su nombre, por favor.
Turista: Carlos Gil Santos.
Recepcionista: El hotel está en la calle Barcelona número veintiuno (21). Se llama Hotel Sol. Está a cinco (5) minutos andando de aquí.
Turista: El desayuno, ¿está incluido en el precio?
Recepcionista: No, el desayuno es aparte.
Turista: ¿Tiene un mapa de la ciudad?
Recepcionista: Sí, aquí tiene el mapa y unos folletos con información de los lugares de interés y los actos culturales de esta semana.
Turista: Muchas gracias.
Recepcionista: De nada.

14 En el garaje

C

Carlota: Buenos días.
Mecánico: Buenos días, señora. ¿En qué puedo ayudarla?

Carlota: Mi coche está estropeado: el faro derecho no funciona y creo que pierde aceite. Además me parece que el motor no está muy bien, hace un ruido muy raro al arrancar.

Mecánico: Vale, ¿quiere que lo mire?

Carlota: Sí, por favor, pero ¿podría decirme cuánto me va a costar el arreglo?

Mecánico: Depende de lo que tenga que hacer. ¿Puede volver dentro de dos horas?

Carlota: (Dos horas más tarde) Hola, ¿ya sabe cuál es el problema?

Mecánico: Sí, señora. El carburador está muy sucio, las pastillas del freno están muy gastadas, necesita unas nuevas; el faro izquierdo no funciona y las ruedas delanteras están muy viejas: tiene que ir pensando en cambiarlas.

Carlota: ¿Cuánto me va a costar el arreglo?

Mecánico: Unos ciento veinte euros (120).

Carlota: Bueno. ¿Cuándo va a estar listo?

Mecánico: Pasado mañana.

Carlota: ¡Pasado mañana! ¿No podría estar listo para mañana?

Mecánico: Lo veo difícil, estamos muy ocupados. Déjeme ver…, vale, para mañana pero a última hora de la tarde, alrededor de las ocho.

Carlota: Vale, muchas gracias, hasta mañana.

15 El pronóstico del tiempo

C

La situación metereológica de hoy miércoles estará marcada por la presencia de una bajada térmica en la península, a la vez que comienza a entrar aire frío en altura, de manera que la atmósfera sufrirá una inestabilización. Habrá intervalos nubosos o con lloviznas en el norte de la península. En el centro, los cielos estarán nubosos por la tarde. En el resto del territorio español los cielos estarán despejados. Las temperaturas sufrirán un descenso, las máximas estarán en general por debajo de los veinte grados. Para mañana jueves se espera una ligera mejoría en el norte, con un ligero aumento de las temperaturas. En el resto de la península, las islas Canarias, las Baleares, Ceuta y Melilla hará sol y las temperaturas serán altas.